좋은 사람보다
행복한 사람이 되라

좋은 사람보다 행복한 사람이 되라

초판 1쇄 2022년 01월 19일

지은이 란미 | **펴낸이** 송영화 | **펴낸곳** 굿위즈덤 | **총괄** 임종익

등록 제 2020-000123호 | **주소** 서울시 마포구 양화로 133 서교타워 711호

전화 02) 322-7803 | **팩스** 02) 6007-1845 | **이메일** gwbooks@hanmail.net

© 란미, 굿위즈덤 2022, *Printed in Korea*.

ISBN 979-11-91447-98-9 03190 | 값 15,000원

좋은 사람보다
행복한 사람이 되라

란미 지음

굿위즈덤

행복은
멀리서 찾는 것이 아니라
내 안에서 찾는 것이다

"불행하다, 속상하다, 되는 일이 없다." 그렇게 신세 한탄만 하고 있는가? 나도 한때는 고통이 연속되는 삶에 지쳐 회의감과 지장, 육아로 인한 스트레스가 극에 달할 때가 있었다. 그때는 나도 주변 사람들처럼 말과 행동에서 짜증과 신세 한탄이 나오곤 했다.

하지만 말을 한다고 나아지지 않았다. 전혀 행복하지 않았다. 나는 모든 이들이 다 나처럼 그렇게 살아가고 있는 줄 알았다. 내가 힘드니 모든 사람이 힘들어 보였다. 주변 사람 누구의 조언도 들으려고 하지 않고 무조건 힘들다고 짜증을 내며 스스로를 지치게 했다.

그렇게 불행한 나 자신을 탓하면서 세월을 보내고 있었는데, 어느 순간 깨닫게 되었다. 내 마인드가 잘못된 것이었다. 지금의 내 상황은 내가 만들어낸 결과라는 사실을 알아차린 것이다.

나는 처음부터 '작가'가 될 생각은 해본 적이 없다. 작가는 아무나 할 수 있는 것이 아니라고 생각했다. 그러나 나는 우연한 권유에 책을 쓰기 시작했다.

'책을 통해 나는 무엇을 이야기하고 싶었던 것일까?'

나는 행복은 멀리 외부에서 찾는 것이 아니라고 알려주고 싶다. 행복은 시간과 준비가 필요하지 않고 오로지 마음가짐 하나만 필요하며 내 안에 이미 존재한다는 것을 많은 사람에게 알려주고 싶다. 그래서 이 책에는 타인에게 좋은 사람이 되기보다는 나 스스로 행복한 사람이 되는 과정에 대해 담고 있다.

나는 평범한 37세 직장인이자 엄마, 아내이다. 나처럼 평범한 사람도 얼마든지 행복할 수 있다. 어떤 이들은 나에게 "집안일하고 교대근무 일하면서 언제 책 읽고, 책 쓰고, 블로그, 인스타그램, 유튜브까지 해요?" 그렇게 물어본다.

나도 남들과 똑같은 24시간을 살고 있다. 그것은 누구 하나 변함이 없다. 하지만 내가 정말로 사랑하고 행복을 얻기 위한 행동은 없는 시간을 쪼개서라도 하게 되고 시간이 없으면 잠을 줄여서라도 실행에 옮기는 나 자신을 알게 되었다.

행복하고 가슴이 떨리는 일을 하는 것이 그 어떤 것보다 중요하다는 것을 나는 몸소 알게 된 것이다. 그러나 일부의 사람들은 아무것도 준비하지 않고 그냥 주어진 대로 살고 있다. 그렇게 되면 절대로 내 이야기를 알 수도 경험할 수도 없다. 그들의 삶은 절대로 바뀌지 않는다.

"내가 시작하지 않으면 그 누구도 대신해주지 않는다."

남들과 똑같은 365일, 8,760시간, 525,600분의 삶을 살고 있다. 이왕 태어나서 살아가야 할 삶이면 가슴 떨리게 행복한 삶을 살아야 하지 않을까? 나는 이 책을 읽는 많은 이들이 스스로 자신의 삶에서 진정으로 소중하게 느끼는 행복을 모두 경험할 수 있길 바란다.

내가 책을 낼 수 있도록 도움을 주신 많은 분께 감사의 마음을 전하고 싶다. 내 가장 옆에서 하고 싶은 것은 해보라고 아낌없이 응원을 해주고 격려해주는 남편과 아이들, 그리고 책 쓰기에 집중할 수 있도록 나 대신 아이들을 무한한 애정과 사랑으로 돌봐주는 시부모님, 친정 부모님께 감사를 전하고 싶다.

그리고 대한민국 책쓰기 1등 〈한국책쓰기강사양성협회(한책협)〉 김태광 대표 코치님은 나에게 "이 성격, 이 목소리, 이 마인드면 책 쓸 수 있어! 내가 목숨 걸고 도와줄게! 성공해서 책을 쓰는 것이 아니라 책 써야지 성공하는 거야!"라며 동기부여를 끊임없이 해주셨다.

나에게 '작가'라는 새로운 삶이 있음을 보여주고 새로운 성공의 발판이 되는 방법을 보여주고 알려주심에 감사를 드린다. 또한 〈한국석세스라이프스쿨(한라스)〉 대표 인생라떼 권마담 대표님이 일회성이 아닌 성공자, 부자의 마인드를 알려주시고 변화를 보여줌으로써 나는 더욱 성장할수 있었다. 감사의 말을 전하고 싶다. 〈한국주식투자코칭협회(한투협)〉 주이슬 대표님은 내가 글만 쓰고 소비자로 살기 아까운 사람이라며 〈한책협〉을 추천해주신 분으로 이분을 몰랐다면 나는 한 가지 직업으로 계속 살고 있었을 것이다. 그리고 〈한책협〉에 계신 모든 분들께 진심으로 감사의 말씀을 전하고 싶다.

나에게 행복을 알게 해주고 나를 더욱 사랑할 수 있도록 삶의 방향 전환을 도와준 병원 식구들에게도 감사드리며 마지막으로 이 책이 빛을 발

할 수 있도록 선정해주고 도움을 주신 굿위즈덤 출판사 관계자 모든 분께 감사의 말씀을 전한다.

　책을 쓰면서 나의 삶을 되돌아보니 나는 충분히 괜찮은 사람이며, 행복한 사람임을 알 수 있었다. 더 이상 나는 두려울 것이 없는 사람인 것이다. 이 책을 읽는 당신의 인생이 변화하여 제2의 인생을 행복하게 그려나갈 수 있기를 바란다.

목 차

5장

누구나 이유 없이 행복해질 수 있다

1장

＊

행복해지기 위해서

무엇이 필요할까?

처음부터
잘난 사람은 없다

사람이란 어떤 존재일까? 사람은 태어날 때 아무것도 없는 상태로 태어난다. 오직 울음소리가 살아 있음을 알려준다. 신생아 시절엔 울고, 먹고, 자는 것으로 모든 표현을 한다. 그때는 모든 불평등도 없고 오로지 존재만으로 소중하고 귀한 존재가 된다. 아이는 모든 이의 사랑을 받고 쑥쑥 자란다.

가정에서 많은 사랑과 행복을 넘치도록 받은 어린아이가 점차 자라서 집단생활을 시작하게 된다. 가정에서 배우지 못했던 것들을 학교에서 배우면서 많은 변화가 생긴다. 의도치 않게 남과 비교되는 삶을 살기 시작하게 된 것이다. "항상 남보다 잘해야 한다, 성공해야 한다, 잘나야 한다."라고 의무 교육 속에서 비교를 당연하게 받아들이는 사람이 된다. 경쟁 구도가 당연한 것 같은 숨 막히고 일률적인 학교생활을 모두 거친 뒤에야 어른으로 자라게 된다.

나는 16년 동안 학교 교육을 받으면서 모든 것을 경쟁하고 비교우위에 서야 한다고 가르침을 받았다. 매번 잘하기를 강요받았고, 타인보다 잘하는 것이 있어야 한다고 배웠다. 하지만 나는 그런 기대에 못 미치는 학생이었다. 열심히 하는 학생이었으나 성적이 따라주지 않아 언제나 노력은 하나 안타까운 아이, 착하지만 잘하지는 못하는 학생이었다. 매번 자유도 용기도 행복도 모두 내려놓은 채 잘해보려고, 잘 보이려고 정말로 밤낮을 가리지 않고 매진했다. 그게 당연한 줄 알았고 모든 이도 그렇게 살고 있다고 생각했다. 하지만 노력과는 별개로 결과가 나오지 않자 점차 공부에 두려움이 생기면서 말수도 적어지고 소심한 성격으로 변화하기 시작했다.

학교에서는 한 가지라도 잘하면 친구들에게도 잘난 사람이 된다. 말을 잘하는 사람, 춤을 잘 추는 사람, 예쁜 사람, 공부 잘하는 사람 등등…. 하지만 그 어디에도 속하지 못하는 사람이 바로 '나'였다. 말하는 것보다 듣는 것이 좋고 조용한 것을 좋아하는 학생이었다. 그래서 학창 시절 친구들이 열 손가락에 꼽을 정도였다. 그 시절 내가 불행하지는 않았지만 나는 매번 잘난 친구들이 부러웠다. 항상 인기에, 칭찬에, 관심에 목마른 그런 사람이었다.

'세상은 나에게 최고가 되라고, 잘하라고 하지만, 정작 어떻게 해야 하는지 알려주지 않았다.'

어릴 적에는 어른들 말씀이 모두 맞으니 무조건 따라야 한다고 생각했다. 물론 모든 어른이 나를 위해 이야기를 해주었지만 꿈과 희망과 행복을 마구 누려야 할 학창 시절에 비교와 경쟁을 하며 살아가는 것이 맞는 삶인 줄 알고 나를 항상 조이고 있었다.

어느 한 사람이라도 나에게 행복하냐고 물어봤으면 아마 울었을 것 같다. 앞만 보고 달려가지 말고 때로는 쉬기도 하고, 뒤도 돌아보고, 하늘도 보아야 한다. 그러나 나는 너무 한 길밖에 모르고 어른이 된 것이다.

지금은 성인이 되어 36세의 13년 차 간호사이자 세 아이를 둔 엄마가 되었다. 나는 평범하게 잘 살아왔다고 생각한다. 작은 고민은 누구에게나 있으나 나는 평범한 사람의 대표라고 생각을 한다. 모든 엄마는 육아 스트레스가 있으며, 워킹맘은 직장 스트레스까지 모두 있는 것이 정상이라고 생각했다.

하지만 시간이 지날수록 내 가슴은 메말라가고 웃음이 없어지는 자신을 발견하게 되었다. 분명 책이 시킨 만큼 열심히 살고 있었다. 하지만 나 자신은 없어지고 '엄마'로만 남는 것처럼 느껴졌다. 학교에서는 경쟁해야 하니 내가 없어졌다고 생각했지만, 성인이 되어서도 내 이름이 없어지는 것 같은 생각이 들었다. 삶이 행복하지 않으니 직장 일도 잘 풀리지 않고 모든 것에 브레이크가 걸리기 시작했다. 나는 방법을 찾아야 했다. 도저히 이렇게 계속 살 수는 없었다. 숨이 막히고 저절로 눈물이 나서 현실로부터 도망치고 싶다는 생각을 했다.

'나는 나이는 먹어가고 있지만, 마음은 아직 자라지 않은 어린이구나.'

한동안 직장에서도 적응하지 못하고 가르침을 내 것으로 받아들이지 못해 방황하는 때가 있었다. 그러다 보니 모든 규칙에서 벗어나 엉망이 되어버린 내 삶 자체가 눈물바다였다. 그런 생활을 한 2년 가까이 하다 보니 가정도, 내 삶도 엉망이 되었고 정신을 차릴 수 없을 지경에 왔다. 그 누구에게 이야기할 수도 없고 누군가 나서서 해결해줄 수도 없는 것이었다. 남편도, 아이도, 그 누구도 나를 책임져줄 수 없었다. 오로지 스스로 방법을 찾아야만 했다. 숨 막힐 것 같이 현실이 답답하고 끝없이 암

흑 같은 현실이 계속해서 이어졌다.

하지만 나는 울고만 있을 수는 없었다. 이왕 살기로 한 삶을 어떻게든 멋지고 행복하게 살아야 할 것 같은 생각이 들었기 때문이다. 그래서 나는 가르침을 내 것으로 만들기 위해 부단한 노력을 했다. 한 번, 두 번, 세 번, 그렇게 반복과 피나는 노력을 하면서 조금씩 당당해지고 인정을 받을 수 있었다.

가르침을 지적이라고 생각하면 발전이 없다고 생각한다. 서로 다른 점은 맞춰가며 공유하고 협력해야 한다. 그것을 깨닫고 난 뒤 나는 좀 더 발전할 수 있는 방향으로 변화하기 위한 노력을 시작할 수 있었다. 약 2년 가까이 노력하다 보니 어느새 나는 다시 평범한 사람의 모습으로 돌아와 있었다. 비법은 따로 없었다. 다만 모든 것을 포기하지 않았다. 가르침을 익히면서 내 것으로 만들었다. 그리고 열정과 끈기로 헤쳐나가려고 노력했다.

나는 생각했다.

'존재만으로도 인정받고 사랑받고 행복하고 싶다.'
마음속으로 항상 외치고 있었다. 잘난 사람, 훌륭한 사람이 되기보다 스스로 행복해지고 싶었다. 나는 땅 밑까지 떨어진 내 자존감을 다시 되살리고 싶었다.

그렇게 나는 나 자신을 찾아가는 여행을 시작하기로 했다. 내 행복을 찾기 시작했다. 주변 어른들은 나에게 말씀하신다.

"그래도 아이들, 가족 먼저 생각해야 되지 않아?"

그러나 정말 죄송하게도 먼저 내가 행복해야 할 것 같았다. 내가 행복해야 주변에 피해 주지 않고 평범하게 살 수 있을 것 같았다. 어떻게 보면 내가 이상한가 하는 생각이 들기도 했다. 내가 이기적인 사람인가 하는 걱정이 되기도 했다. 하지만 내가 스스로 떳떳하고 아이들에게 보여 줄 수 있는 것이 바로 내가 행복한 것이라는 생각에는 흔들림이 없었다.

"나만이 내 인생을 바꿀 수 있다. 아무도 날 대신해줄 수 없다."
– 캐롤 버넷

요령 없이 시키는 대로 주체 없이 행동했던 내가, 가족을 위해서, 남을 위해서 살고 있던 내가, 생각의 전환을 하고 난 뒤 세상이 달라 보이기 시작했다. 내가 알고 있던 주부는 무조건 육아만 하는 줄 알았다. 직장인은 원래 웃음기 없이 피가 마르고 날카롭게 일하는 사람인 줄 알았다. 하지만 생각의 전환을 하니 자신을 위해 노력하는 수많은 사람이 눈에 들어왔다.

자신을 위해서 새벽 기상, 필사, 운동, 자기계발 등 너무 많은 일을 하면서도 스스로 행복하고 자신감 있어 하는 모습을 보면서 내가 모르던 새로운 세상에 온 것 같다는 생각을 했다.

처음부터 잘난 사람은 없다. 모든 이들이 시행착오를 겪으면서 온순해지고 부드러워진다. 우물 안 개구리였던 내가, 드디어 우물 밖으로 눈을 돌린 순간이었다. 평범한 워킹맘, 주부인 내가 '나를 위해 살기'로 했다. 내가 행복하기로 했다. 나도 그들처럼 멋지고 행복하게 살고 싶어서 변화하기로 했다. 내 인생은 이제 다시 쓰이기 시작한 것이다.

02

'완벽한 나'는 애초에
존재할 수 없다

대중매체를 통해 보이는 세상에는 완벽한 인물들이 가득하다. 브라운관 채널을 돌려보고, 스마트폰으로 정보를 찾아보아도 흠이 있는 사람은 거의 없고 자기 관리가 완벽한 사람투성이다. 나는 그중에 '유재석' 개그맨을 좋아한다. 이제는 만능 엔터테이너라고 해도 과언이 아닐 것이다. 우리는 알고 있다. 지금의 멋진 모습이 처음부터 유지된 것은 아니며, 본인의 갈고닦은 노력으로 만들어진 모습이라는 것을. 신인 시절의 그는 메뚜기 탈을 쓰고 개그 무대를 오르거나 리포터를 하며 방송할 때 무대 공포증과 울렁증이 심했다고 한다. 하지만, 현재는 전 세대를 걸쳐 오랫동안 사랑을 받아오고 있다. 이것을 가능하게 하는 그의 매력은 초심을 잃지 않고, 인기와 상관없이 한결같이 예의 바르게 행동하는 태도와 섬세함에서 나오는 것 같다. 현재를 만드는 것은 과거의 나인 것이다.

> "'귀'를 훔치지 말고 '가슴'을 흔드는 말을 해라."
>
> – 유재석

나는 초등학교 5학년 때 처음으로 부반장에 당선이 되었다. 매달 새 학기가 되면 나도 한 번쯤 임원이 되고 싶다는 생각을 했다. 하지만 용기가 나지 않았다. 앞에서 내 생각을 말하려고 준비만 해도 가슴이 쿵쾅쿵쾅 머리는 새하얗게 멍해지고 말았다. 그래서 매번 도전하는 것에 망설였다. 몇 번 시도하고 떨어지기를 반복하면서 나의 자존감은 떨어질 대로 떨어졌다. 하지만 꼭 하고 싶다는 생각에 몇 날 며칠을 준비하고 연습을 했다. 나는 드디어 자기 PR을 반 친구들 앞에서 하게 되었다. 수많은 연습을 했음에도 불구하고 그 순간은 아무것도 생각이 나지 않아서 아마 외웠던 그대로 이야기한 것 같다. 내가 무슨 이야기를 했는지도 모른 채 그렇게 시간은 지나게 되었다. 나는 그때 태어나서 처음으로 부반장을 하게 되었다. 그 당시의 행복은 어떤 것과도 견줄 수 없을 정도였고, 너무도 행복했다. 내가 드디어 임원을 하게 되었다는 뿌듯함에 모든 것을 다 잘할 수 있을 것처럼 마냥 기분이 좋고 스스로 대견하게 느껴졌다. 모든 친구, 선생님이 나에게 주목하는 것 같고 내가 주인공이 된 것 같았다.

사실 지나고 보면 내가 선거 발표에 떨었던 사실도, 그런 준비를 했던 자체도 기억이 안 날 정도로 별일 아니었다. 하지만 발표를 했던 그 시간 만큼은 내가 세상에서 제일 힘들고 어려웠던 시간을 보낸 것 같았다.

손 들고 자기주장을 이야기하거나, 앞에 나와서 발표를 하는 것 자체가 너무 긴장되고 어려운 것은 지금도 마찬가지다. 아마 이것은 시간이 지나가도 나아지지 않을 것 같다. 별것 아닌 것에 왜 그렇게 잘하려고 했을까? 아마 있는 그대로를 보여주기보다 남들 앞에서 잘 보이고 싶고, 잘하는 모습을 보여주고 싶었던 것 같다. 친구들이 나를 보기에 믿을 수 있는 사람으로 보이기를 간절히 바라서 그렇게 떨고 긴장을 했던 것 같다.

차라리 이 긴장을 즐기는 편이 더욱 좋을 것 같다는 생각을 해본다. 여러 차례 발표도 반복해서 하다 보면 익숙해지고 그 자체를 경험해보면 훨씬 더 자연스러워지지 않을까 하는 생각을 한다. 이렇게 나도 성장하면서 스스로에게도 많은 것을 배우게 된다. 누가 가르쳐주지 않아도 내 잘잘못을 비교 반성하다 보면 자연스럽게 더 나은 방향으로 살아갈 수 있도록 깨우치게 된다. 그래서 나는 자연스럽게 나를 위해 살아가는 법을 배운다. 내가 행복하게 나아갈 수 있게 길을 만들어가고 있다.

고등학교 때 나는 주변 친구들에게 이렇게 이야기하곤 했다.

"나는 돈 많이 벌어서 운전기사를 쓸 거야. 그러니까 운전면허는 따지 않아도 돼!"

지금 생각해보면 어디서 이야기를 하기도 창피하고 대책 없고 말도 안 되는 이야기인 것 같다. 하지만 그런 도전 정신은 어떻게 나왔는지 지금 생각해도 신기할 따름이다. 딱히 계획이 있었던 것도 아니고, 책을 잘못 본 것도 아니다. 하지만 나는 그 시절엔 진심이었고, 그렇게 큰소리를 치고 다녔다. 고등학교 3학년 내내 아마 입이 닳도록 그 이야기를 했던 것으로 기억한다. 왕자님을 만나 결혼하게 된 신데렐라를 꿈꾸는 어린아이처럼 동화 속 주인공이 되기를 바랐을지도 모르겠다.

나는 그렇게 진담 반, 농담 반으로 친구들에게 웃음을 주었다. 늦은 사춘기가 왔던 것일까? 지금 생각하면 좀 아이러니하며 나조차도 이해가 되지 않는 부분이다. 실제로 그 시절 나는 매우 진지했으니깐. 하지만 큰소리치던 내 각오와 반대로 고등학교 수능이 끝나자마자 운전면허를 따기 위해 등록했다. 내 과거를 알고 있는 친구들은 나에게 왜 운전면허를 따느냐고 놀리기도 했다. 사실 내 의지가 아니고 엄마가 운전면허증은 있어야 한다고, 그래야 여자가 당당하게 살 수 있다고 강력하게 이야기를 해서 등록한 것이다. 지금 생각을 해보면 운전기사 해프닝이 진심인지 농담인지는 잘 모르겠다. 하지만 어렸을 때는 진심이었다. 그러나 막상 수능 시험 끝나고 보니 현실의 차가운 바람이 나를 기다리고 있었다. 추운 겨울처럼 매서운 현실에 드디어 제정신을 차린 것일지도 모르겠다.

웃긴 일이지만 나는 운전기사의 미련을 버리지 못하고 운전면허 중에 제일 쉬운 2종 보통을 등록했다. 남들은 1종 수동을 따는 것이 보통이었으나 등록 당시까지 나는 희망을 버리지 않고 있었던 것 같다. 훗날 필기 96점, 실기 100점을 맞을 줄 알았다면 더 욕심을 부렸으리라. 나에게 운전에 소질이 있다는 것을 그때 처음 알았다. 소질이라고 하기에는 웃기지만 운전이 생각보다 나에게 적성이 맞는 것 같았다. 평생 남이 운전해 주는 차는 멀미를 해서 제대로 된 풍경 한 번 보지 못한 나였기에, 운전하니 딴 세상이 나에게 펼쳐짐을 느끼게 된 것이다. 나는 운전면허를 통해 또 다른 자격증을 습득했다는 자부심을 느꼈고, 나도 원하는 곳으로 언제든지 떠날 수 있다는 그런 자신감이 나를 흥분하게 만들었다. 딱히 갈 곳도 없지만 내게는 새로운 희망을 품게 되는 계기가 되었다.

때로는 그때의 나처럼 대책 없는 행동이 생활의 활력이 되는 때도 있는 것 같다. 내가 의도하지는 않았으나 친구들이 나에게 집중하고 나로 인해 행복해하는 모습을 보면서 나도 같이 행복했다. 아마 고등학교 시절 학업 스트레스를 받는 현실에서 재미를 주고자 그런 이야기를 했던 것 같다. 그러면서 소망이라는 이름 아래 내가 성공하고 싶은 욕구가 있었던 것 같다. 정말로 운전 기사님이 필요한 것이 아니라 그만큼 성공하고 싶다는 욕망이 나를 그렇게 만든 것 같다. 현실에 안주하지 않고 나 자신이 스스로 삶을 가꾸고 만들어가야 한다는 것을 그때부터 알았던 것 같다.

매일 똑같은 삶을 살게 되면 고민 없이 편하고 좋긴 했다. 하지만 미래가 없는 삶은 시체처럼 행복도 흥분도 설렘도 없다. 나는 그 느낌을 경험해보았기에 절대로 다시는 돌아가고 싶지 않다. 차라리 잘하지 않아도 좋으니 어제보다는 좀 더 나은 오늘이 되기를 항상 바란다.

사람이 살면서 '완벽한 나'는 실제로는 존재할 수 없다. 내가 힘주는 대로, 만져주는 대로 '나'라는 인형은 점차 완성되어가는 것이다. 완벽을 꿈꾸지 않고 있는 그대로의 나를 사랑하기 위해 나는 매일 조금씩 도전을 한다. 독서도 하고, 운동도 하고, 취미생활 하면서 나라는 가치를 어제보다 높이기 위해 나는 작은 도전을 시작한다. 시련에 굴하지 않고 앞으로 나아가는 나에게는 꿈이라는 강력한 힘이 있다.

03

나는야 장녀 콤플렉스,
착한 아이 콤플렉스

나의 어린 시절, 부모님 대부분이 자녀들만을 바라보고 살았다. 일명 '베이비붐 세대' 어른들이다. 가정을 일으키기 위해 자신의 꿈보다는 돈을 위해 살았던 부모님 세대이다. 그래서 자신들이 못 이룬 꿈을 자녀가 이루기를 바랐다. 그때는 말 잘 듣고 순종적인 사람을 원했다. 토 달지 않고 착한 사람을 원했다. 내 생각을 말하려 하면 귀찮은 사람이라고 여겼다.

나는 어렸을 적 부모님에게 잘 보이고 싶었다. 매일 직장 나가서 일하시느라 바쁜 아빠와는 대화할 기회가 별로 없었다. 그사이 엄마는 나와 동생을 혼자서 키우고 가르치셨다. 온종일 나와 동생만 바라보았다. 항상 자녀가 잘되었으면 하는 마음으로 늦은 시간까지 같이 공부를 했다. 초등학생 시절에 엄마와 같이 책상에서 문제집을 풀었다. 중·고등학생 때는 학원이 끝날 때까지 엄마는 간식을 준비해 놓으시고 나를 기다리셨다. 나는 대학교에 들어가 자취를 하기 전까지 매일 엄마가 해주신 따뜻한 아침밥을 먹으며 학교에 다녔고, 자랑스러운 딸이 되려고 애를 썼다. 그렇게 나는 부모님의 기대를 한 몸에 받고 살았다. 나는 자랑스러운 딸이 되어야 했다. 부모님은 주변에서 나에 관한 좋은 이야기를 듣기를 바라신 것 같다. 한 번도 어떤 딸이 되면 좋겠냐고 물어보진 못했지만, 나에게 많은 기대를 하신 것 같다.

학교 생활에서도 비슷했다. 나는 학교 선생님에게도 잘하고 착한 아이로 여겨지기를 바랐다. 어느 날 학교에서 환경정리 지원자를 찾았다. 환경정리는 늦게까지 남아서 교실 청소 및 환경 꾸미는 일을 하는 것이다. 내 기억에 아무도 손을 들지 않았던 것 같다. 그때 나는 쭈뼛거리면서 손들었다. 그래서 나는 선생님과 늦은 시간까지 환경정리를 했다. 나는 선생님에게 도움이 되길 바랐으며 어른들이 보기에 말 잘 듣는 착한 아이가 되려 애썼고, 스스로 나를 그런 사람으로 만든 것이다.

학교 선생님은 모든 친구들 앞에 "이번 달 선행상을 받았습니다. 축하

해주세요."라고 말씀하시며 아이들 앞에 나를 불러 세웠다. 나는 어린 시절 칭찬받는 느낌이 좋아서 더욱 나 스스로 잘 보이기 위해 노력했다. 나는 아마 기대를 받고 사랑을 받고 싶었던 것 같다. 나만의 방법으로 인정받고 싶었던 것 같다. 내가 만들어놓은 기대치를 만족시키기 위하여 물 밑에서 다리를 발버둥 치는 호수 위의 백조마냥 안간힘을 쓰며 어린 시절을 보냈다.

이렇다 보니 나는 중고등학교 친구들이 많지 않았다. 편하게 웃으면서 나를 내려놓고 놀았던 기억이 있던가? 친구와 연락해 친구 집에 놀러 가거나 맛있는 음식을 먹으러 가본 기억이 거의 없었던 것 같다. 다행히 그 시절 나는 불행하다고 여기진 않았다. 하지만 행복하지도 않았다. 부모님은 나를 위해 최선을 다했을 뿐이고 나는 거기에 부응하기 위해 아등바등했다. 사실 그렇게 해야만 하는 줄 알았다. 모든 이가 그렇게 앞만 보고 달리는 줄 알았다. 그때는 그게 최선이고 내 행복을 위한 것이었다.

지금 생각해보면 누군가 일탈이라는 것을 한 번이라도 알게 해주면 어땠을까 하는 생각이 든다. 너무 형식에 맞게 세상을 살았다. 내 마음은 중요하지 않고 세상이 보는 나의 모습만 중요했다.

나는 존경하는 부모님 덕분에 이렇게 떳떳하게 삶을 살고 있다. 그러나 좋은 모습만, 잘하는 모습만 보여주기를 원하는 어른들 덕분에 거절한 번 못 하고 일탈 한 번 없었던 삶을 살았다.

다행히 성실함이 나의 성격에 맞아 내 선택으로 직장도 얻고, 결혼도 했다. 그런데 아마 나는 둘째 출산 후 사표를 쓰고 전업주부로 살면서 많은 심경의 변화가 있었던 것 같다. 장녀 콤플렉스, 착한 아이 콤플렉스로 모든 이들의 사랑을 받아야 한다고 생각을 했는데, 나는 아무것도 아닌 내가 된 것이다. 그때부터 산후 우울증이 생겼다. 세상은 나만 빼고 잘 돌아가는 것 같았다. 내가 결정한 행동이고, 내가 원해서 아이를 얻었는데 나의 존재는 없는 삶을 사는 것처럼 느껴졌다. 그래서 약 2년여 동안 나는 나를 가꾸지도 않고 아이만 쳐다보며 기계같이 살았던 것 같다.

지금 그 시절을 떠올리며 나에게 무슨 문제점이 있었는지 생각해보았다. 남이 원하는 삶을 살고 있으니 나는 행복하지 않았다. 정녕 내가 바라는 것이 무엇인지 몰랐다. 그렇게 시간을 보내니 30대 중반에도 자기 위치를 모르는 그런 사람이 된 것이다.

지금 생각해보면 누군가가 나에게 "지금 행복한가?"라고 물어주기를 바랐던 것 같다. 나는 1등 하는 것보다 사랑받고 싶었다. 유능한 것보다 행복하고 싶었다. 스스로 자신에게 자랑스러워지고 싶었다.

나는 대단하진 않았지만, 직장도, 결혼도 안정적이고, 출산과 육아도 탄탄대로였다. 나는 지금의 내 삶에 만족한다. 내 성향에 맞는 간호사 생활도 어울린다고 생각을 한다. 하지만 한 가지 부족한 것이 무엇인지 찾는데 너무 오랜 시간이 걸렸다. 이는 책에서도 알려주지 않았고, 주변 누군가 단 한 번도 나에게 알려주지 않았다. 아니, 책으로 나왔더라도 내게 의미가 가슴에 와닿지 않으니 알 수 없었을 것 같다. TV나 노래에서 "행복은 성적순이 아니에요."라는 이야기를 들었지만 나는 내 길이 맞는 것으로 생각했다. 행복은 그저 열심히 하면 따라오는 줄 알았다. 하지만 그 시절 내가 느낀 행복의 정의와 지금 행복의 느낌과는 많이 상반된 단어인 것이다.

다행히 너무 늦지 않게 나는 알게 되었다. '행복'이란 잠을 못 자고 일에 치여도 충분히 가슴 떨리게 좋은 것이며, 만족할 수 있는 것임. 책에서 나왔던 내용이 드디어 이해가 되기 시작했다. 나는 지금의 학생들에게 이야기해주고 싶다. 남이 잘한다고 칭찬하는 것 말고 내가 진정 원하고 하고 싶은 것이 무엇인지 생각해보라고 말이다. 잠도 안 자고 화장실을 못 가도 가슴 떨리게 하고 싶은 그런 것이 무엇인지 찾아보라고 이야기하고 싶다.

나는 나를 위해 책을 읽고 나만의 시간을 보내면서 글도 쓰고 자기계발 삼아 공부하는 것이 지금의 행복이다. 억지로 공부했을 때와는 차원이 다르다. 그때와 다른 점은 지금은 나 스스로 선택해서 하는 행동이다. 비록 잠을 못 자고 공부하는 엄마가 초등학생 자녀들 눈에는 이상하게 보일지라도 책상에 앉아 있는 나 자신이 너무 자랑스럽고 행복하다. 나는 내 행복을 위해 생각을 바꾼 뒤 스스로 자주적인 행동을 하게 되었다. '남의 눈치 보지 말자, 내가 하고 싶은 것을 하자.'라고 항상 생각한다. 과거의 나는 남이 바라는 삶을 살았던 것 같다. 하지만 지금의 내 삶의 우선순위는 바로 '나'가 된 것이다.

세상은 나에게 착한 아이, 잘하는 아이로 성장하기를 바랐다. 나도 그 기준에 맞추어 세상이 원하는 그림대로 나를 설계했다. 그것은 세상이 원하는 나의 모습이다. 하지만 나 자신이 진정으로 원하는 모습은 어디에도 없었다. 진실한 나의 마음은 과연 어떻게 생각할까? 내가 가려는 그 길이 가슴 떨리게 행복한 행동인가? 아니면 어쩔 수 없이 억지로 하는 행동일까? 이 책을 읽는 독자들도 한 번쯤 생각을 해보면 좋을 것 같다.

04

엄마도, 아내도 아닌
나를 위해 살고 싶었다

언제부터 내 이름이 사라졌을까? 그런 생각을 해본다. 나는 분명 이름이 있으나 아이 엄마로 불린다. 그것을 당연하게 받아들이고 있었다. 하지만 문득 맞게 가고 있는 건지 의문이 들기 시작했다. 나도 한 명의 당당한 존재로 살고 있지만, 과연 나를 위해 살아가고 있는 것인가?

아이러니하게도 '주부'라는 위치가 주는 부담감이 있다.

나도 사람이라 내가 하고 싶은 대로 살고 싶다. 가끔은 쉬고 싶기도 하고, 혼자 즐기고 싶을 때도 있다. 하지만 세상은 나를 아내, 주부, 엄마라는 시선으로 바라본다. 그 일에 충실하지 않으면 이기적인, 이상한 사람으로 나를 바라본다. 거의 모든 주부는 나와 같은 생각을 하고 있을 것이다. 자신을 포기한 채 가족을 위해 희생을 하고 있을 것이다. 나도 역시 1년 전까지는 그랬으니까. 작년까지의 나는 그렇게 시간을 허비하며 나라는 존재는 어느새 사라지고 있었다.

나는 결혼 13년 차이다. 12세, 10세, 9세의 세 아이를 키우며 간호사 교대근무로 직장을 다니고 있다. 내가 원하여 간호사가 되었다. 내가 원해서 결혼도 하였고 세 아이도 계획하여 출산했다. 나름 대단하지는 않아도 계획한 대로 평범한 인생을 살고 있다고 생각했다.

나는 자녀 양육, 직장을 번갈아 가면서 내 손길이 필요한 곳에 도움을 주는 그런 존재였다. 그렇게 내 인생의 계획된 순서대로 나는 살고 있었다. 하지만 전혀 행복하지 않았다.

휴식을 취해도 피로가 풀리지 않았다. 가족 여행을 가도 휴가를 즐기는 그때뿐, 힐링을 느낄 수가 없었다. 그냥 지치고 힘든 날의 연속이었다. 그러다 보니 의도치 않게 짜증 섞인 말투와 배려 없는 행동을 하게 되었다. 어느새 가족들은 나의 눈치를 보고 있었다. 어디서부터 잘못된 것일까? 내가 계획한 대로 나는 잘 살고 있는데 왜 답답한 느낌이 자꾸

드는 걸까 하는 생각에 잠 못 드는 밤이 지속해서 이어졌다.

어느 날 직장 선배님으로부터 "같이 독서 모임도 하고, 온라인 대학 다닐래?"라고 권유를 받았다. 그 말을 들었을 때 나는 아무 생각 없이 "네." 하고 결정을 했다. 무슨 계획이 있었던 것도 아니었다. 하지만 그날의 권유가 나에게는 제2의 인생이 시작되는 전환점이 되었다.

처음에는 책을 읽을 시간도 없었다. 집안일도 해야 하고, 직장도 다녀야 하고, 유튜브도 봐야 하고, 나도 쉬어야 하는데 도대체 책을 읽고 온라인 수업을 들을 시간이 어디 있는 건지 이해가 되지 않았다. 하지만 시간은 만들면 만들어졌다. 출근하기 전 차 안, 집에서 쉬면서 TV 볼 때, 자기 전 휴대전화 만지는 시간 등의 자투리 시간을 모으니 나를 위한 시간은 의외로 많이 있었다. 그렇게 책을 읽기 시작했다. 단순히 선배님이 시켜서 시작한 책 읽기였다.

하지만 책을 읽고 나를 위해 조금의 시간을 투자하니 점차 변화하고 있는 나 자신이 보였다. 좀 더 아끼는 자신을 발견했고, 가족들에게 까칠하게 굴던 모습과도 멀어졌다. 그리고 스스로 행복하다고 느끼기 시작했다. 나뭇잎에 물결이 흔들려 강물이 일렁이듯 어느 순간 나에게도 행복을 느끼는 시간이 찾아오고, 자존감이 상승하고 있었다.

"행복은 축복의 횟수가 아니라 행복을 대하는 우리의 태도일 뿐이다."

– 알렉산더 솔제니친

10여 년 동안 가족을 위해 열심히 살아온 나에게, 2021년에 기적처럼 제2의 인생을 시작하게 되었다. 요즈음 많은 생각을 하게 된다. 과거에는 행복과 즐거움을 무조건 외부 조건에서 찾았다. 항상 불평불만하며 남과 비교하곤 했다. 그러나 이제는 나 스스로 행복해지는 행동을 하는 것을 즐기기 시작했다.

남이 나의 주인이 아닌 나 스스로 주인이 되기로 한 것이다. 드디어 나를 위해 어렵지만, 영어 공부를 시작했다. 아이들이 "왜 영어 공부해?"라고 물어보면 "해외 한 달 살기 하고 싶어서!"라고 이야기했다. 또한 부지런히 책을 읽었다. 책을 읽는 엄마가 걱정된 아이들은 나에게 "그러다가 건강 해치는 것 아니야? 재미있어?"라고 물어본다. 나는 그럴 때 아이들에게 "걱정해줘서 고마워. 그런데 정말 좋아서 보는 중이야."라고 이야기한다. 나는 정말 책을 읽고 나에게 시간을 투자하는 그 행위를 진심으로 즐기기 시작했다. 책을 읽는 동안에는 내가 그 책의 주인공이 된 것 같았다. 진심으로 책 읽는 행위를 즐기기 시작한 나는 눈으로 책을 읽는 것에서 서서히 발전하게 되었다. 이제는 인터넷에 책 리뷰를 하면서 모르는 사람과 공유를 하기 시작했다. 내가 읽고 느낀 대로 블로그, 인스타그램에 올리기 시작했다. 그 글을 읽고 많은 사람이 공감해주며 응원도 해주었다. 이로 인해 나는 점차 가능성 있는 사람으로 발전해가는 모습을 느꼈다.

이제는 온라인에서 어엿하게 내 이름을 드러낼 수 있는 사람이 되었다. 집에서의 내 모습도 참 좋다. 하지만 나의 존재 가치를 드러낼 수 있는 그 행위를 즐기고 저절로 행복하게 사는 방법을 찾게 되었다. 시작은 미비하지만, 꾸준히 나를 위해 노력하면 누가 알아주지 않아도 스스로 자존감이 높아진다는 사실을 알게 되었다.

내 마음가짐 외에 다른 준비물도 필요하지 않았다. 어렵지도 않았다. 단지 생각을 바꾸고 나를 위해 나아가야겠다는 생각을 하면서 꾸준히 활동하고 있다. 나는 이처럼 나를 위해 살기로 다짐하고 많은 변화를 느끼게 되었다. 단지 내가 변화하고 싶다는 생각을 하고 내가 좋아하는 일을 찾아서 했을 뿐이다. 그렇게 나아감에 있어 두려움보다는 행복한 생각이 들었다.

많은 사람이 나를 보면서 모든 일을 어떻게 하느냐고 한다. 하지만 내가 좋아서 하는 행동인 만큼 더욱 애정이 가고 눈길이 가게 된다. 그러면서 과정 중에 행복함을 꾸준히 느끼고 있어서 힘듦보다 애정을 더 많이 느끼고 있다. 나는 이런 상황이 지속되면서 아이들에게 그들만의 생각이 있음을 인정해주고 잔소리를 덜 하게 되었다. 과거에는 아이들의 모든 상황을 나에게 맞추며 가르치고 혼냈다. 하지만 지금은 아이들도 충분한 생각과 이유가 있으리라 믿는다. 그러면서 내가 이야기하지 않아도 스스로 느끼는 점이 있기를 바라본다.

나를 위해 살기를 시작하면서 우울해 있던 엄마를 잊고 스스로 할 일을 하는 멋진 엄마로 기억에 남으면 좋겠다. 아이들에게 도움이 되는, 자랑스럽고 본받을 만한 그런 존재가 되기를 바라본다.

언제나 파이팅을 외치며 패기 넘치게 살 수는 없다. 하지만 가족을 위해 살았다면 이제는 나를 위해 살 차례이다. 방법을 몰라서 시작을 못 했다면 나에게 전화나 SNS로 문의를 해주어도 된다. 나는 주변의 권유로 시작한 인생이 새로운 인생이 될 것이라는 생각은 꿈꾸지 못했다. 하지만 나는 행복을 밖에서 기다리는 대신 내 안에서 스스로 행복을 찾아서 존재 가치를 높이는 존재가 된 나 자신을 너무 뿌듯하게 생각한다. 태어난 순간부터 나는 고귀하고 특별한 존재이며 스스로 멋진 삶을 살 수 있는 존재이다. 그 빛은 밖에서 전해주는 것이 아닌 오직 나 스스로 찾아내는 것이다. 모든 사람이 지치고 어려운 삶일수록 더 긍정적이고 행복한 자신을 발견할 수 있으면 좋겠다.

05

행복은 나의
선택에 달렸다

행복하지 않았던 나의 과거에는 매일 불만이 가득했으며, 짜증투성이였다. 그 누구의 말도 들으려 하지 않고 고집만 부리는 그런 못된 송아지같은 존재였다. 나는 내 삶에 충실히 하고 있으므로 이만큼 하고 있으면된다는 생각에 누구의 조언도 듣지 않았다. 자만심이 가득했다. 하지만내가 그렇게 고집부리고 있는 동안에 세월은 점차 흘러가고 나는 그대로인데 세상은 빠르게 변화하고 있었다.

결혼 후 첫아이 임신을 하게 되었다. 첫아이 임신이라 책도 많이 찾아보고 나름대로 공부도 많이 했다. 정해진 날짜에 산부인과 진료를 다녔다. 그런데 진료를 보는 중에 산부인과 의사 선생님께서 엄마의 배 속에 양수가 적다고 말을 해주셨다. 그게 무슨 말인지 인터넷도 많이 검색해 봤는데 정보가 별로 없었다. 친정엄마는 양수가 많았다고 하는데 왜 난 양수가 없다고 할까 하고 걱정하는 날이 길어졌다. 나는 주 수가 점점 늘 어나면서 배도 불러오기 시작했다. 아이도 주 수보다 크기가 작긴 하지 만 아무 이상 없이 잘 자라고 있었다. 하지만 산부인과 진료하러 갈 때마 다 똑같은 이야기를 들었다.

"양수가 전보다 더 없네요."

양수가 없으면 자칫 아이가 죽을 수도 있다고 했다. 배 속에서 놀 수 있 는 곳이 없으니 상황이 좋지 못하다고 했다. 32주가 되었을 때 퇴근 후 산 부인과를 찾아갔다. 그때 내 양수는 약 7cm 정도라는 청천벽력과 같은 소 리와 바로 당장 대학병원 가서 입원해야 한다는 말을 들었다.

나는 충분히 열심히 살았고 잘살기 위해 노력했는데 왜 이런 일이 일 어났을까 하며 내우 속상했다. 그날 바로 대학병원을 가는 내내 울었던 것 같다. 세상에는 내가 원하지 않는 일도 많이 있다고 하지만 내 아이의 생명이 걸린 일이라고 생각하니 모든 것이 원망스럽기만 했다. 나는 그 렇게 울고 또 울었다.

대학병원에서 아무것도 안 하고 초음파 검사만 주 1회 하고 4주 동안 병원에서 환자로 지냈다. 대학병원에서 제왕절개로 36주 1일에 출산하기 직전에는 '양수 없음'을 진단받았다. 지금 생각해도 다시 겪고 싶지 않은 1년이었다. 아이는 몸무게 미달, 황달로 인해 한 달 가까이 인큐베이터에 있다가 엄마의 품으로 올 수 있었다.

지금 생각하면 너무 버라이어티한 1년이라 너무 조마조마하고 상상할 수 없이 떨리는 나날을 보냈다. 아이에 관한 관심과 걱정만이 나에게 쏟아지다 보니 행복은 고사하고 두려움의 연속이었다. 그 당시에는 왜 나에게만 이런 일이 생기는지 스스로 자신에게 원망을 참 많이 했다.

행복해지고 싶어서 내가 선택한 길이다. 과정은 힘들고 어려워서 눈물 흘리며 매일매일을 지냈지만, 결코 포기하지 않았다. 그래서 행복한 결말을 이룰 수 있게 되었다. 행복으로 가는 길은 수없이 많지만 나는 그 길이 쉽지 않았던 것 같다. 하지만 포기하지 않은 덕분에 모두 웃을 수 있는 그런 행복이 나에게로 주어졌다.

사람은 저마다의 삶의 목표가 있고 우선순위가 있다. 각자의 원하는 방향이 있겠지만 최종 목표는 자신의 행복을 바라는 것에 있을 것이다. 현실이 어렵고 고통의 연속이더라도 내일은 행복하기를 바라는 마음으로 차가운 현실을 지나가고 있다. 포기하지 않고 내가 원하는 삶의 목표를 바라보고 내달리는 것이 정말로 중요한 것 같다. 나의 행복은 거기에서 시작되는 것이니까.

"아직도 방을 이렇게 어질러놓으면 어떻게 해!"
"빨래는 제자리에 넣고! 할 일 하고 놀라고 했지!"

어제도 나는 아이들에게 화내는 엄마가 되었다. 이렇게 아이에게 화를 내는 저녁이면 혼자서 생각을 한다. 분명 아이를 낳을 때는 '건강하게만 자라라. 그러면 아무것도 바라지 않겠다.' 그렇게 생각을 했건만 어느새 나도 평범한 여느 부모들처럼 아이에게 바라는 것이 많은 엄마가 되어 있었다.

나도 어렸을 적 부모님에게 잔소리를 듣는 것이 너무 싫었다. 그런 부모가 되지 않아야겠다는 생각도 했을 정도이다. 하지만 나도 어느새 같은 위치가 되어 보니 뜻하지 않게 똑같은 행동을 하는 자신을 보게 되었다. 그러다 보니 나도 참 이중적인 엄마인 것 같다는 생각을 무심코 했다. 책을 읽고 나를 위해 노력하는 이유도, 더 건강하고 행복한 가정으로 만들기 위해 나 자신이 먼저 행복하여 가족에게 행복을 느끼게 해주기 위해서다. 하지만 그 노력에 반대되는 행동을 일주일에 몇 차례씩 가정에서 하고 있으니 과연 내가 잘하는 행동인지 의심스러울 때가 많다.

'내가 화내지 않고 좋게 이야기할 수 있었을 텐데.'라는 반성과 함께 냉랭해진 집안 분위기에 나의 행동을 후회했다. '아이의 모습은 부모의 거울'이라는 이야기가 있다. 이처럼 어떻게 보면 부모에게서 보고 배운 그대로를 따라 한 것일 수 있다는 생각이다. 항상 아이를 야단치는 목적은 올바르게 자라기를 바라는 이유이다. 하지만 목적이야 어찌 됐든 아이들이 속상해하는 것은 변함이 없다. 아이는 내 의도를 알지 못한 채 그냥 엄마를 화내고 잔소리하는 사람으로 인식하지는 않을까 하는 두려움이 커졌다. 화를 내고 적절히 이야기를 해주지 않아서 오해할 수도 있을 것 같다는 생각이 들었다. '내가 어떻게 대처를 해야 서로 행복할까?'라는 생각을 매일 하면서 더 나은 내일이 되도록 바라고 노력하고 있다.

요즈음 제일 자주 보는 TV 프로그램 채널A 〈금쪽같은 내 새끼〉 9화에서 오은영 박사님의 말씀 중에 "육아를 완벽하게 하려고 하지 마세요. 완벽한 부모가 좋은 부모가 아니라 최선을 다하는 부모가 좋은 부모입니다."라는 말을 들으면서 나도 너무 완벽한 부모가 되기를 바란 것은 아니었을까 하는 생각을 했다. 아이에게 완벽하기를, 잘하기를 바라는 엄마가 아니라 그 모습 그대로 행복하게 자라기를 바라는 엄마가 되어야겠다는 생각을 다시 한번 하게 되었다.

나는 매일 수많은 반성을 하면서 하루하루를 살아가고 있다. 스스로 너무 힘들다고 생각할 때는 알지 못했다. 지금은 행복은 내가 손 뻗으면 닿을 거리에 기다리고 있다는 것을 알고 있다. 책을 읽고 나를 위해 노력하는 이유도 더 나은 사람이 되어 모든 이에게 선한 영향력을 주는 사람이 되고 싶기 때문이다. 처음부터 완벽한 사람은 없다. 아이도 그렇지만 엄마인 나도 이 세상에 엄마가 처음이라 서툴고 조급한 마음이 드는 것이다.

행복은 성적순도 아니고 인기순도 아니다. 방법도 요령도 없고 내가 원하는 것을 하루하루 하면 그게 바로 행복의 누적인 것 같다. 하늘에 비치는 수많은 별처럼 하나씩 스스로 행복의 빛을 낼 수 있게 노력하다 보면 언젠가는 깜깜한 밤하늘을 수놓을 수 있는 그런 은하수가 완성될 것이라 믿는다. 아이들에게도 스스로 행복을 찾는 방법을 알게 하고 싶다. 그래서 부모의 강요가 아닌 스스로 성장하는 아이들이 되면 좋겠다는 생각을 한다.

나는 현실을 원망하기도 했고, 남 탓하면서 내 잘못을 회피하기도 했었다. 하지만 그 결과는 행복과는 거리가 멀기만 했다. 행복은 나의 선택에 달렸다. 욕심부리지 말고 하루에 한 가지씩 행복한 일을 하자. 내 인생은 남이 대신해서 살아주지 않는다. 내가 선택한 행동에 책임을 지고 스스로 자신의 행복을 위해 나아가보자. 내 인생의 주인은 바로 나니까.

"잊지 마, 오늘이란 날은 두 번 다시 오지 않는다는 걸…."

"나는 남들에게 맞추며 살진 않을 거야."

— 디즈니 애니메이션 〈신데렐라〉 중에서

06

나에 관한 관심은
거절합니다

　모든 사람이 나에게 무관심으로 대하면 삶이 어떻게 될까? 아마 나는 존재하지 않는 사람이 될 것 같다. 처음에는 편하고 좋을 것 같지만 혼자 먹고, 혼자 이야기하고, 혼자 숨 쉬는 삶은 외로울 것 같다. 그래서 인간은 혼자서는 살 수 없고 같이 생활하는 동물인 것 같다.

　어렸을 때의 일이다. 나는 내가 좋아하는 책과 문제집을 친구 삼아 공부하는 것을 좋아했다. 시끄럽게 뛰어다니면서 장난치고 놀기보다, 내가 좋아하는 책을 읽고 나만의 시간을 보내는 것을 좋아했다. 나는 친구가 많지는 않았다. 하지만 절친한 친구는 항상 있었다. 선생님은 성실한 나를 좋아했으나, 조용하고 책상에 앉아 있는 나를 이해하지 못하는 아이들이 많았다. 그럴수록 나는 점차 더 있는 듯, 없는 듯 조용한 존재가 되었다. 어렸을 때는 나의 소심하고 말수 없는 행동을 단점인 줄로만 알았다. 활발한 친구들 사이에 있으니 나는 이상한 아이로 취급받았다. 다수에 속하지 못하기 때문이었다. 하지만 부모님은 나에게 성실하고 꾸준히 하면 결과는 상관없다고 가르치셨다. 나에게 나만의 방식대로 내가 하고 싶은 일을 하라고 알려주셨다. 그래서 내가 이상한 사람이 아니라는 것을 일찍 알았다. 다만 남과 다른 사람임을 그때부터 알게 된 것이다.

직장인으로서 13년 차를 지나고 있는 현실로 돌아와보자. 어른이 된 나는 열심히는 하지만 완벽하지는 못한 실수투성이, 단점투성이 사람이라고 생각했다. 꼼꼼하지 못해 덜렁거리는 성격 탓에 자주 지적을 받았다. 하지만 그 지적을 넘기지도 못하고 해명도 바로 하지 못해서 더욱 소극적인 존재가 되었다. 하지만 지금 돌이켜 보면 그런 가르침이 없었다면 지금의 나는 없었을 것이라 생각을 한다. 가르침을 받았기에 나는 성장할 수 있었고, 그 관심을 나를 위한 경험이라고 생각했기 때문이다. 나는 과거를 후회하지 않는다. 과거의 모습도 나 자신이기 때문이다.

내가 행복하기 위해서는 많은 것이 필요하지 않다. 내가 행복하다는 마음가짐 하나만으로도 나는 충분히 행복한 사람이 되는 것이다. 그것을 깨닫는 데 나는 35년이라는 시간이 걸렸다. 때로는 직장에서, 가정에서 잘 보이려고 많이 노력해보았지만, 행복하지 않았다. 오히려 후회와 좌절만 안겨줄 뿐이었다. 하지만 모든 것을 내려놓은 지금은 그냥 행복하게 지내고 있다. 이 느낌은 말로는 설명할 수 없고 내가 느끼는 것을 공유할 수도 없다. 하지만 많은 사람이 존재하는 것만으로도 행복하다는 것을 알 수 있었으면 좋겠다.

루이스 L. 헤이는 『행복한 생각』이라는 책에서 "자신을 사랑하고 인정하라. 자신 안에 안전한 공간을 만들어라. 자신을 신뢰하라. 자신의 가치를 인정하고 받아들여라. 이러한 습관이 유기적인 사고방식을 갖게 하여 사랑의 관계를 더 많이 끌어들일 것이다."라고 이야기했다. 남을 탓하고 내가 변화하지 않으면 절대로 성장할 수 없다. 밖에서 행복을 찾지 말고 내 안에서 있는 그대로의 나를 사랑해야 한다. 스스로 행복하다고 받아들이는 것이 중요하다는 사실을 누가 가르쳐주지 않아도 스스로 깨우치게 된 것이다.

평범한 나에게도 관심이 집중되었던 적이 있었다. 지금의 배우자와 대학교 입학식 날 처음 만났다. 나는 간호학과에 입학한 신입생이었고, 그 당시 남자친구는 대학교 4학년 학생이었다. 남자친구는 학교 총학생회 소속으로 신입생의 학교생활을 도와주는 일을 했다.

다른 지역에서 와서 낯선 공간에서 혼자 살게 되면서 걱정과 두려움이 있었는데, 고향 근처의 선배를 만나니 너무 기뻤고 안심되는 것 같았다. 나는 그 덕분에 대학 생활의 두려움이 점차 사라지는 것을 느꼈다. 그래서 일주일에 4~5일을 만나면서 점차 가까워졌고 연인 사이가 되었다. 대학교 3학년 때 연애한 지 1,000일이 갓 넘은 시점에, 나는 남자친구와 결혼하기로 했다. 그래서 양가 부모님의 허락을 받고 겨울 방학 때 결혼식을 올렸다. 아직 나는 1년의 학교생활이 남아 있었기에 특별히 변하는 것 없이 똑같이 학교생활을 했다.

나는 지금의 남편과 상의 후에 내린 결혼 결정이고, 우리의 미래 계획에 맞추어 결정하고 실행했는데 나의 부모님은 좀 난처했다고 한다. 졸업도 하지 않은 딸이 급하게 결혼을 한다고 부모님 지인들에게 많은 오해를 받았다고 했다. 그 사실을 나중에 듣고 알게 되었다. 그 사실을 듣고 나는 큰 충격에 빠지고 말았다. 나는 계획에 의해 결혼했고, 나머지 학기도 무사히 마치고 간호사 자격증도 따고 계획대로 생활했으니 다른 이들의 눈에 나의 결혼이 이슈가 될 줄 몰랐기 때문이다.

부모님들 이외에도 학교에도 내가 결혼을 했다는 소문이 파다하게 퍼지게 되었다. 학교에 남편의 선후배가 많아서 편하게 지냈던 만큼 소문도 무성했다. 그때는 모든 이가 나를 쳐다보는 것 같았고, 죄지은 것도 아닌데 눈치를 보게 되었다. 나는 그렇게 시끄러운 1년의 마지막 학교생활을 보낸 것이다.

나의 부모님은 지인들에게 몇 차례에 걸쳐 해명하셨다고 한다. 하지만 걷잡을 수 없이 불어난 소문에 아빠가 많이 속상해하셨다는 사실을 뒤늦게 듣게 되었다. 뒤늦게야 그 이야기를 들은 나는 정말로 속상했다. 절대로 부모님에게 그런 헛소문을 듣게 하려고 한 결혼이 아니었다. 당연히 서로 사랑해서 충분히 생각하고 결혼했는데 남들 눈에는 그렇게 비치지 않은 것 같았다.

나는 창피한 일을 한 적도 없고 그 이후에도 당당히 취직도 하고 간호사 생활도 열심히 했다. 그 뒤에 남들과 마찬가지로 평범한 가족을 꾸리게 되었다. 지금 그때를 생각하면 내가 나 자신만 생각했던 것이 아닐까 하는 생각도 든다. 그래서 부모님에게 죄송한 마음이 남아 있다.

현재는 빠른 결혼과 안정된 직장, 그리고 떳떳하게 남들과 같은 길을 더욱 빠르고 안정적으로 보내고 있는 나를 보고 이제는 부모님이 행복해하신다. 딸이 빨리 결혼을 해서 속상하긴 했지만, 근처에 살아서 자주 얼굴도 뵙기도 하고, 빠른 출가로 부모님께서 보고 싶은 것, 먹고 싶은 것 모두 즐기면서 노후를 보내는 모습을 보면 또 잘한 것 같다는 생각이 든다. 요즈음에는 취업난, 결혼 문제, 저출산 문제가 심각한 현실이지만 그 모든 일을 스스로 해결해 많은 걱정을 덜어드리게 되어, 이제는 오히려 부모님은 친구분들에게도 부럽다는 이야기를 많이 듣는다고 좋아하신다.

그렇게 삶은 아이러니하게 생각지도 못한 방향으로 흘러갈 때가 많이 있다. 나는 성실히 생활하고 있지만 남들은 결과만 보고 판단하기에 원하지 않는 방향으로 가기도 한다. 그럴 때마다 자책하고 속상해하기엔 내 삶이 너무 아깝고 안타깝다는 생각을 하게 되었다.

내가 행복하기 위해서는 남의 눈이 필요한 것이 아니라 당당한 나 자신이 필요한 것이라는 생각을 했다. 이제는 말할 수 있다. 나에 관한 관심은 거절한다. 나에 대한 적절한 조언은 새겨들을 테지만 참견은 받아들이지 않겠다. 나는 나에 대해 도움이 되는 조언이 되는 그 이야기만 들을 것이다. 나는 당당해지기로 했다. 다른 눈에 비친 내 모습 말고 나 스스로 행복하고 자랑스러운 사람이 되기로 했다.

07

나는 행복할
자격이 충분하다

나는 항상 사랑에 목말라하고 행복해지고 싶었다. 하지만 학교에는 내가 행복해질 방법을 알려 주는 책이 단 한 권도 없었다. 과거의 나는 외부에서 행복을 찾았다. 예쁜 옷을 사야지 행복했다. 맛있는 음식을 먹어야지 행복했다. 눈에 띄는 선물을 받아야지 행복했다.

하지민 그렇게 반은 행복은 오래가지 않았다. 공허한 느낌이 계속되었고, 매번 부족한 느낌이 들었다.

어느 날 곰곰이 생각해보았다.

'왜 이렇게 마음이 허탈하지?'

'난 지금 뭐 하는 걸까? 잘살고 있는 걸까?'

매번 최선을 다해 살지만 찝찝한 결과만이 초래되었다. 그러다가 나는 문득 그 이유를 알게 되었다. 물질적인 행복이 눈에서 마음까지 전달되지 않았다는 것을…. 나는 항상 외부로부터 행복을 원하고 갈구했다. 하지만 무엇을 해야 내 마음이 행복할지는 알기 쉽지 않았다.

어느 날 직장 선배님이 나를 불렀다. 그 자리에서 나는 "이런 것은 당연히 해결해놓아야 하는 것 아니야? 왜 그렇게밖에 못 해? 내가 모두 해줘야 해?"라는 소리를 들었다. 나는 결코 그런 의도가 아니었다. 나는 내가 할 수 있는 최선을 다했다. 하지만 선배님의 눈에는 부족한 후배로 보이는 것 같았다. 그는 내가 못마땅한지 주변을 의식하지 않고 나에게 핀잔을 주었다. 그때 나는 쥐구멍이 있다면 들어가고 싶었다. 눈물이 나고 도망가고 싶었다. 직장을 그만둬야 하나 생각도 들었다.

나는 내 부족함을 만회하기 위해 나름대로 최선을 다해 열심히 노력했다. 하지만 한번 주눅든 내 마음은 되돌려지지 않았다. 소용돌이처럼 사태만 더 악화될 뿐이었다. 잘하려고 했지만 내 마음처럼 되지 않았다. 그래서 선배님에게는 내가 눈엣가시처럼 느껴졌나 보다. 그 이후로 얼마간

냉랭한 관계가 유지되었다.

그때 내 마음은 눈물바다 그 자체였다. 그분에게 내 마음을 열어서 보여주고 싶었다. 하지만 냉랭한 선배님의 모습에 나는 점점 더 눈치를 보게 되었다. 그때는 나밖에 생각할 수 없었다. 당장 내가 너무 힘들었기 때문이다. 너무 힘들 때면 남편에게, 엄마에게 하소연도 해보았다. 하지만 그렇다고 내 문제가 해결되지는 않았다. 그렇게 나는 수백 번이나 나 자신을 스스로 깎아내리는 좌절을 겪었다. 혼자서 삭이고 참는 것밖에 답이 없을 줄 알았다.

하지만 하루, 이틀이 지나면서 갑자기 내 머릿속을 스쳐가는 생각이 있었다.

'왜 이렇게 살아가고 있는 거야?'

나는 좀 더 다른 시선으로 문제를 바라보며 생각하게 되었다. '이미 혼난 것은 내가 잘못했으니 혼난 거야. 하지만 나는 괜찮다. 나는 나대로 잘하면 된다.'라고 생각한 것이다. 이렇게 생각을 전환하고 나니 내 마음에 가득 차 있던 상심의 눈물바다가 바로 해소되는 것 같은 기적을 느꼈다. 나는 더는 불행하지 않았고 우울하지 않았다.

그때야 나는 알았다. 내 행복은 내 안에 있다는 것을. 아무리 밖에서 좋은 것, 즐거운 것을 해도 그때뿐이며 행복하지 않았다. 하지만 생각을 전환하고 난 후에는 내가 더는 불행하게 느껴지지 않았다. 나는 스스로 행복할 자격이 있는 사람이라고 느끼기 시작했다. 그러고 나니 나는 소소한 것으로도 행복해하기 시작했다. 정확히 말하면 작은 행복을 찾기 시작한 것이다. 아들딸들이 내가 해준 음식을 맛있게 먹을 때 나는 행복했다. 아이들이 아프지 않아서 나는 행복했다. 내가 운전을 잘해서 행복했다. 아무 탈 없이 하루가 지나가서 난 너무 행복했다.

이렇게 나는 행복을 내 안에서 찾기 시작했다. 눈을 돌리면 행복한 이유투성이였다. 나는 이 느낌을 계속 유지하고 싶었다. 하지만 나도 사람인지라 기분에 변화가 있는 날도 있다. 직장 일이 잘 안 풀리는 날, 배우자와 언쟁이 있는 날, 아이들이 내 마음 같지 않은 날 등 화나고 짜증이 나는 날이 있을 때도 있다.

그러나 이제는 항상 '잘될 거야', '좋은 일이 생길 거야.' 같이 긍정적으로 생각하게 되었다. 나를 좀 더 희망적인 사람으로 대하게 되었다. 제일 중요한 점은 주변의 지적과 권유를 빙자한 간섭에도 이제는 기분 나빠하지 않는다는 것이다. 우울해하지 않는다는 것이다. 그 지적은 지적일 뿐이다. 필요에 따라 나를 위해 이야기한 것이니 고치기만 하면 된다. 그 사람은 악의를 갖고 그런 것이 아니라고 생각하게 되었다. 이제 나는 두려울 것이 없다.

나는 혼자서 영화를 보러 가는 것을 즐긴다. 또한 카페에 가서 내가 좋아하는 책을 읽고 노래를 들으며 몇 시간 동안 사색하는 것을 좋아한다. 처음에는 집에서 도망치고 싶어서 도피 삼아 나왔다. 육아와 살림에 지쳐서 잠시라도 나만의 시간을 보내고 싶었기 때문이다. 집 문을 나오는 순간부터 나의 입꼬리가 올라갔다. 그 짧은 순간에도 난 정말 행복하다고 느꼈다. 남이 아닌, 나를 위해 시간을 할애하는 나를 보며 나 자신이 대단한 사람이 된 것 같았다.

내가 혼자서 영화를 보기 위해 영화관에 다녀왔다고 직장 동료에게 이야기하면 "혼자 어떻게 가? 안 어색해?"라고 물어온다. 다들 신기하다는 반응이다. 그러면 나는 그들에게 이렇게 이야기한다. "괜찮아. 처음이 어렵지, 한두 번 다니기 시작하면 그 매력에서 빠져나올 수 없어."

이제 나는 도피성 탈출이 아닌 힐링을 목적으로 여가생활을 즐긴다. 나 자신을 행복하게 하는 방법을 찾은 것이다. 카페 창가에 앉아 지나가는 자동차를 보며 여행 가는 꿈을 꾸어본다. 또한, 어느 날은 바다를 보며 행복한 나라로 여행 가는 희망도 그려보았다. 날아다니는 갈매기도 보면서 세상을 즐겼다. 나는 그곳에서 그동안 바쁘다고 보지 못했던 책도 보고 글도 쓰면서 나를 위한 시간을 가졌다. 스스로가 대견하고 잘하고 있다고 생각했다.

이렇게 잠시나마 나를 위한 시간을 보내고 나면 나는 내가 매우 긍정적인 사람으로 변화하는 것을 느낀다. 무엇이든 어렵고 지치는 일에도 짜증보다는 행복과 용기가 솟아난다. 그래서 병원에서 환자나 동료를 대할 때 진실된 마음을 다해 미소로 답할 수 있는 것이다.

나의 미소와 친절은 내 무기가 되어간다. 이렇게 나는 점차 나에게서 인생을 배우고 있다. 행복은 멀리 있는 것이 아니다. 모든 이의 마음속에 있고 누구나 간절히 원하면 찾을 수 있다.

이 비결은 어디에서도 배울 수 없고, 누가 가르쳐주지도 않았다. 하지만 나는 나 자신을 사랑하는 방법을 알았을 뿐더러 내가 행복할 방법을 터득했다.

인생은 알면 알수록 어렵고 정답이 없는 것이 삶이라고 한다. 아마 결론은 내 삶이 끝나는 날까지 알아낼 수 없을 것 같다. 나는 그 어려운 삶 속에서 '행복'이라는 나만의 행운의 풍선을 선물로 받은 그 느낌이 든다.

이 행운의 풍선은 그날의 마음에 따라 노랑, 빨강, 핑크, 초록, 보라 등등 여러 색깔로 나를 기쁘게 해주고 있다.

그렇게 행복은 나만의 방식대로 내 안에 있었다. 원하면 언제든지 찾을 수 있는 곳에 항상 있다는 것을 알았다. 그래서 결코 우울해하거나 고민할 필요가 없다는 것을 알았다. 남의 말로 나를 결정하지 말자. 남의 말을 경청해야겠지만 내 인생을 사는 것은 나 자신이다. 그러하기에 나를 사랑하고 아끼는 사람이 되어야 할 것이다.

*

그럼에도 불구하고

희망을 선택하다

01

딱 한 걸음만
내디뎌보자

나는 모든 가정주부가 출산 후 엉망인 줄 알았다. 나 역시 아이의 양육은 열심히 하지만 그 외의 집안일, 가족관계, 일상생활 모든 것이 멈추었다. 신생아 육아는 원래 그런 줄 알았다. 차마 내가 산후 우울증이 올 것이라고는 생각해보지 못했다. 그때는 내가 잘 가고 있는 줄 알았으니까.

하지만 바로 옆에서 바라본 남편은 그때를 생각하면 내가 많이 걱정되었다고 한다. 배우자가 한순간에 변하여 모든 것을 포기한 것 같은 생활을 하니, 말을 걸 수도 없었다고 한다. 그도 이해 못 할 날카로운 순간들이었다고 이야기를 한다.

내가 나도 모르는 산후 우울증과 육아에 지쳐갈 때쯤 내 원래 직장 선배님께 전화가 왔다. 아이가 좀 자랐으니 아르바이트를 해보라는 권유를 위해 연락해온 것이다. 나는 고민하지도 않고 바로 OK를 했다. 그때 생각을 하면 나도 대책이 없었던 것 같다. 첫아이, 둘째 아이는 어린이집을 다녔다. 하지만 셋째를 출산한 지 8개월밖에 안 된 상황이었다.

당장 다음 주부터 출근하라고 했는데, 셋째를 내가 데리고 있던 상황이었다. 답이 없을 것 같았지만 나는 무작정 탈출하고 싶었던 것 같다. 정말 천만다행으로 근처에 사는 고모께서 아이를 낮 동안 봐주겠다고 흔쾌히 승낙했다. 주말에는 친정엄마 찬스도 썼다. 사실 아르바이트 월급 받아도 감사함을 표현하고 기름값, 아이들 육아비를 하면 전혀 남는 것이 없었다. 하지만 그래도 나는 뛰쳐나왔다.

가족과 병원에서 많은 배려로 아르바이트를 신나게 시작했다. 아이를 추운 새벽마다 고모 집으로 데려다주는 미안함이 있었다. 하지만 나는 그 선택을 한 그 순간을 정말로 잘했다고 생각한다. 사실 다른 사람들에게 이야기하면 이상한 사람으로 볼 수도 있다. 엄마가 철이 없다고 이야기하기도 할 것이다. 아이를 낳았지만, 책임을 완수 못 했으니깐. 하지만 나도 사람인지라 내가 먼저 살고 싶다는 생각을 했다. 그렇게 나는 아이들에게서 잠깐씩 벗어나 나를 선택하게 되었다.

인생을 살면서 많은 선택을 할 기회가 생긴다. 그때 어떤 선택을 하건 모든 선택은 내 몫이다. 내 결정으로 인해 후회 없는 다음의 인생이 펼쳐질 것이다. 하지만 되도록 자신을 먼저 생각하고 선택하면 좋겠다는 생각을 한다. 나 역시 추운 날 아이를 친척 집에 맡겨놓고 나오는 무책임한 엄마일 수 있다. 하지만 그만큼 나는 절실했으며 기회가 나에게 주어졌을 때 손을 내밀 용기도 있었던 것 같다. 자존심 그런 것은 내 인생에 필요 없다. 나는 내가 살아야 했다. 행복은 이렇게 나도 모르게 조금씩 나에게 다가오고 있었다. 나는 그렇게 내 인생을 준비하고 있었다.

아마 과거로 돌아가면 나는 또 한 번 같은 선택을 할 것 같다. 지금의 아이들에게는 열정적인 직장인 엄마로 보이는 내가 너무 자랑스럽다. 어렸을 적은 기억에 없어서 다행히 전후 사정은 모르는 점이 천만다행이라는 생각이 든다. 그렇게 나는 나 자신의 행복을 천천히 원했던 것 같다. 나는 행복해지고 싶었고, 사랑받고 싶었다. 산후 우울증에 걸린 나는 전혀 스스로를 사랑하지 못하는 존재였다. 그러나 나는 과거에서 벗어났다.

나는 지금의 내 일을 사랑한다. 내 행위로 환자들이 위안을 받고 증상 호전을 보여 퇴원하는 모습을 보면 진심으로 행복함을 느낀다. 또한, 내가 간호사가 되기를 잘했다고 생각한다. 하지만 나도 처음부터 잘하지는 못했다. 열심히 가르쳐준 선배님을 따라가지 못해 혼나는 날도 있었다. 같은 말을 반복하게 하는 선생님께 미안한 마음이 가득했다. 이해하지 못하고 따라가지 못하는 나 자신이 너무 한심하고 미웠다. 지금 생각하면 참 인생도 버라이어티하다는 생각이 든다. 지금은 웃으면서 이야기하지만, 그때는 내가 이 길과 맞지 않는 것은 아닐지 생각을 할 정도로 정말 힘든 나날이었다.

나는 힘이 들 때는 가장 먼저 남편에게 조언을 구한다. 나의 모든 것을 알고 내가 생각하지 못하는 부분까지 이야기해준다. 하지만 나에 대한 배려로 예민할 것 같은 이야기는 최소한으로 하고 나를 위로해주는 참 감사한 사람이다. 남편은 내가 힘들어할 때 모든 이야기를 열심히 경청했다. 본인 일은 아니지만, 진심으로 내 이야기를 이해하려고 노력하는 모습도 보았다. 남편은 내가 힘들어하는 모습을 보고, 내가 원한다면 사표를 써도 되지만 그러면 내가 이제껏 노력한 모든 것이 물거품이 될 수도 있다며 나의 상황을 너무 잘 알고 설명해 주었다. 그러면서 내가 상처받지 않을 만큼의 조언으로 나를 달래주었다.

지금의 나를 보면 그런 일이 있었기에 더욱 내 간호 행위에 자신감이 있을 수 있는 것 같다. 남이 나에 대해 조언을 하고 가르쳐주는데 싫다고 울고 피하는 것은 방법이 아니라는 것을 알았다. 그분은 나에 대해 진심으로 이야기를 해준 것이니깐. 정말로 관심이 없었다면 나에게 그런 이야기조차 하지 않았을 것을 이제 나는 알게 되었다. 지금 생각해보면 정말로 창피해서 쥐구멍이 있다면 들어가고 싶다는 생각을 많이 한다. 그때는 뭐가 그렇게 심각한지 세상이 나를 버린 것 같은 생각도 했다. 내가 좋아서 시작한 일이었지만 그 일에 대한 책임이 생기고 직책이 높아갈수록 배울 점이 많다는 것을 느꼈다.

나는 살아가면서 주변의 조언과 권유에 귀를 기울이기 시작했다. 나를 사랑하고 나를 아껴주는 한 방법으로 내가 앞으로 나아가기 위한 것이었다. 나도 물론 내가 먼저 행복해야 한다는 생각이 먼저이다. 하지만 나만 고집부릴 수는 없는 게 현실이다. 그래서 나는 주변의 목소리를 감사히 받아들이기로 했다. 다음에 이런 경험이 생기면 더욱 적극적으로 대화를 통해 빨리 이해를 하도록 노력해야겠다는 생각을 했다. '피할 수 없으면 즐겨라.'라는 말처럼 내가 좀 더 적극적이었다면 일이 더 쉽게 풀릴 수 있을 것이라는 생각이 든다. 나를 더욱 사랑하고 내 삶의 주인으로 좀 더 책임감을 느끼고 대처를 하면 좀 더 쉽게 풀릴 수도 있을 것으로 생각이 든다. 나는 나를 사랑하지만 내가 사랑받을 수 있는 사람이 되기 위해 더욱 적극적인 대처가 필요한 것이라는 생각을 해보았다.

"무슨 일을 시작하여 실패했을 때, 이것은 내가 마음을 닦지 못했고 덕이 부족한 탓으로 돌려야 한다. … 그릇이 작은 사람일수록 성공하면 그것을 제 자랑으로 삼고 실패하면 남의 탓으로 돌린다."

─『채근담』

　이 글을 읽고 있는 독자분들께 현실은 답이 없고 힘들어서 행복을 생각할 겨를이 없다고 느낄 때 좀 더 적극적으로 주변의 조언을 들어보라고 이야기해주고 싶다. 이야기를 듣는 것을 멈추지 말고 자신의 목소리를 내고 적극적으로 대처하면 문제가 좀 더 빨리 해결될 것이라는 생각이 든다. 현실이 암울하고 세상이 내 마음처럼 되지 않을 때도 있다. 그러나 그 말은 그 문제만 해결이 되면 위로 올라갈 수 있다는 뜻이기도 하다. 많은 사람이 좀 더 자신을 사랑하고 회피하는 것 대신 자신을 변화시키려고 생각을 바꾸면 좋을 것 같다. 모든 사람은 존재 자체로도 위대한 사람이고 충분히 사랑받을 자격이 있으며 행복할 의무가 있는 사람이다. 나는 지금이라도 경험을 통해 내가 행복해야 마땅한 사람인 줄을 알게 되어 다행이라는 생각이 든다.

02

슬픈 생각으로 지내기엔
내 인생이 너무 아깝다

'나는 인생의 목표가 있을까?'
'과연 나는 왜 살고 있지?'

나는 이런 생각을 자주 하는 편이다. 남들 하는 대로, 시키는 대로 시간만 보내며 살았다. 그러다 보니 어느새 시간이 흘러 아줌마가 되어 있있다. 한때는 열정과 패기가 넘쳤던 학창 시절이 있었다.

그때는 누구보다 열심히 살았다. 하지만 지금 결과를 보면 다른 이들과 별반 차이가 없었고 똑같은 것 같았다.

"35세까지 가난하면 그건 당신의 책임이다."

– 마윈

이 문장을 보고 정말 깜짝 놀랐다. '행복과 부는 서로 떼어놓으려고 해도 뗄 수가 없는데, 내가 잘못 살아가고 있는 것인가?'라는 생각이 들어서 머리를 복잡하게 했다. 하지만 지금 후회하기엔 남은 내 인생이 너무 아깝다는 생각이 들어 정신 차리기로 했다. 남은 내 인생을 위해 나는 일어나기로 한 것이다.

나는 타인이 지적하는 것에 관대하지 못했다. 웃고 넘길 수 있는 이야기라도 남이 조언이나 지적을 하면 '혹시 나를 싫어하나?'라고 생각이 먼저 들면서 눈치를 보았다. 처음에는 소심한 A형이라서 그런 것 같다고 웃고 넘겼지만, 점점 더욱 신경을 쓰고 있는 내 모습을 보면 내가 틀린 건지 남이 다른 것인지 헷갈리기 시작했다.

"왜 어제 이거 마무리 안 했어?"
"내가 어제 이렇게 하라고 이야기하지 않은 것 같은데?"

지금 생각해보면 당연히 사회생활에서는 교류가 있어야 한다. 그리고 사고를 미리 방지해야 할 필요가 있으므로 당연하게 받아들이고 수정하는 것이 맞다. 또한, 다시 그러는 일이 없게 하면 끝나는 것이었다. 그러나 왜 그때는 모든 것이 내가 부족하다고 이야기하는 것처럼 받아들였을까. 그 당시에는 모든 사람이 나만 쳐다보고, 나만 못하는 사람인 것처럼 자신을 스스로 깎아내렸다. 그래서 출근하는 것, 아침에 일어나는 것조차 모든 것이 싫었고 눈물로 몇 날 며칠을 우울하게 보내기도 했다.

너무 우울하게 보내는 것을 가족들도 알았는지 서로 눈치 보기 바빴고 나는 구석에 숨기 바빴다. 사실 이러한 것도 내 성격이 눈치, 요령이 부족해서 일을 이렇게까지 만들었을 수도 있다. 차라리 한 번이라도 물어보았으면 전혀 이런 고민을 하지 않아도 되었을 것 같다. 이 고민을 약 3년 정도 했으니 정말 내가 봐도 질리도록 우울함의 늪으로 빠지는 중이었다.

하지만 어느 순간 나의 뇌리를 스치는 것이 있었다.

"나 왜 이러고 있지? 그냥 열심히만 하면 되잖아. 뭐가 문제야?"

그 말이 떠오르는 순간 모든 고민은 해결되는 것을 스스로 알았다. 내 생각은 전혀 중요하지 않은 것이었다. 그냥 그 순간 상황에 의해 지적을 했을 뿐이고 그 순간 내가 있었기 때문에 이야기를 한 것이지 나를 싫어해서 그러지는 않았다는 것을 알게 된 것이다.

너무 간단하게 해결책을 내놓아버린 나는 한동안 허탈감에 웃기를 반복했다. 나 혼자 울고 짜증 내고 화내는 생활을 너무 오래 해버려서 그 모든 것이 안 좋은 영향을 미친 것 같았다. 지금 생각해보면 너무 어이없고 웃음이 나오는 이야기이다. 그래서 나는 후배들에게 이야기해준다.

"그 상황에서 필요해서 이야기한 것이고, 밖으로 안 좋은 소리 나가지 않게 미리 이야기하는 것이니 너무 속상해하지 말자."

그리고 무슨 일 있으면 나에게 연락해도 된다고 이야기한다. 아직 나도 완벽하지 않지만 그렇게 서로 배워가면서 맞추어서 살아가는 것이 인생인 것 같다. 더욱 빨리 알면 더 좋았을 것 같지만 그나마 더 늦지 않게 알게 되어 다행인 것 같다.

코로나 3년이 지나가고 있다. 이제 끝났겠다 싶으면 또 심해지고, 다시 학교 휴업하고 도돌이표 같은 반복되는 답답한 나날이 지속되고 있다. 나와 가족들은 어느새 마스크를 쓰는 것이 더욱 당연한 세상이 되었다. 건물 안으로 들어갈 때는 인원 제한과 QR 코드가 꼭 필요한 것이 되었고, 매일 열 체크, 손 씻기는 당연한 생활이 되었다.

초등학생인 아이들에게는 이런 생활이 너무 익숙하게 느껴져서 벌써 온라인 학습, 핸드폰 zoom 수업도 척척 잘하고 있지만, 엄마인 나로서는 좀 안타까운 것이 있다.

내가 어렸을 적에는 아무리 부모님이 바빠서도 1년에 두세 번씩은 가족 여행을 다녔다. 그래서 거의 웬만한 큰 유적지는 거의 다 다녀본 것 같아서 우리 아이들에게도 여행의 기쁨을 알려주고 싶었다.

하지만 코로나 처음 발생 직전에 갔던 경주 여행 이후로 3년째 여행을 가지 못했다. 그조차도 아이들이 너무 어려서 기억도 나지 않는다고 했다. 최근에는 내가 사는 지역을 벗어났다가 들어올 때 코로나 검사를 꼭 해야 하는 권고사항이 생겨 여행은 꿈도 꾸지 못하고 있다. 코로나 검사를 울 정도로 극도로 싫어하는 아이들이 마음에 걸렸고, 또 그렇게까지 하고 여행을 다녀올 수도 없는 현실도 미웠다.

제일 속상한 것은 딸이 "엄마, 여행 가고 싶어. 언제 갔는지 기억도 안 나." 이렇게 이야기를 하니 엄마로서 너무 속상했다. 제일 신나게 뛰어놀고 행복한 삶을 살아야 할 어린 나이에 마스크 쓰고 체온 측정하고 집 안에만 있는 아이들이 너무 마음에 쓰였다. 내가 해줄 수 있는 것이 없어서 더 속상할 따름이었다.

모든 엄마도 나처럼 걱정이 많겠지만, 나는 환자를 만나는 간호사이다. 그래서 더욱 접촉에 신경을 써야 하는 상황이라 아이들의 마음을 알지만, 헤아려주지 못하는 아쉬움이 너무 컸다. 내 어렸을 적과 비교할 수 없이 너무 꽉 막힌 나날들이라 아이들이 보고 배울 것이 없이 자랄 생각을 하니 너무 짠하고 현실이 아쉽기만 할 따름이다.

하지만 슬프고 속상하게만 생각할 수 없다. 내가 포기하면 아이들은 방법이 없는 것이다. 그래서 거주하고 있는 지역 내 근처라도 바람 쐬러 나와서 아이들에게 여유를 알려주었다. 할 수 있는 최선의 행동을 보여준다고 생각한다. 언제쯤 코로나가 잠잠해질지 아직도 모른다. 그리고 아이들에게는 돌이킬 수 없는 어린 시절이 될 것이다. 나는 마음이 너무 아프지만 포기하지 않은 부모라는 존재이기에 지금의 현실에서도 밝은 미래를 꿈꾸며 아이들이 자라기를 바라본다.

내가 바라지 않던 일상의 슬프고 좋지 않은 일이 다가오던 순간이 나에게 있다. 하지만 그 일이 있더라도 스스로 극복해 이겨내고 헤쳐나가는 것은 누구의 도움을 받을 수도 없고 오직 스스로 깨우치고 터득해야 한다는 것을 나는 경험으로 깨달았다. 비록 현실은 우울하지만 내가 마음먹기에 따라 현실이 희망으로 보일 수도 있고, 용기로 보일 수도 있다. 그러므로 더욱 멋진 미래가 나에게 펼쳐질 것을 희망하며 항상 좋은 생각, 희망찬 생각으로 미래를 결정지어보자. 내 생각이 현실이 될 것이다.

"인생은 될 대로 되는 것이 아니라, 생각대로 되는 것이다. 자신이 어떤 마음을 먹느냐에 따라 모든 것이 결정된다. 사람은 생각하는 대로 산다. 생각하지 않고 살아가면 살아가는 대로 생각한다."

– 조엘 오스틴, 『긍정의 힘』

03

버킷리스트를 쓰면
현실로 이루어진다

"여러분은 단순히 생계를 유지하기 위해 여기에 온 것이 아닙니다. 더욱 멋지고 아름다운 세상을 위해 무언가를 성취하려고 이 세상에 온 것입니다."

– 로빈 S.샤르마

'나는 꿈이 무엇일까? 진정 내가 원하는 것은 무엇일까?'

사람은 태어나면서 존재 이유가 있다고 생각한다. 다만 그 이유를 빨리 아는 사람이 먼저 성공할 뿐이다. 나는 내가 태어난 이유가 있다고 생각을 했다. 그래서 삶에 의미를 찾고 싶어 했다. 항상 일목요연하고 정형화되어 답답한 학창 생활을 하면서도, 나만의 자유를 찾을 방법을 생각했다. 처음부터 꿈이라는 단어를 생각하진 않았다. 그러나 내가 행복하게 살고 싶어 여러 가지 방법으로 길을 찾았다. 아마 그래서 어렸을 적부터 책에서 의미를 찾는 중인 것 같다.

나만의 꿈은 항상 필요하다. 꿈이 없고 목적이 없으면, 의미 없는 삶을 산다. 그 인생은 죽은 존재나 다름이 없다. 나는 졸업하고부터 항상 내가 이루고 싶은 것, 하고 싶은 것들을 적기 시작했다. 처음에는 현실이 답답해서 적기 시작했다. 언제쯤 자유로운 숨통이 트일 날이 올까? 그런 생각을 하면서 1년에 두 번 정도 적기 시작했다. 그것이 지금 생각하면 '버킷리스트'였다. 나는 처음에는 이루어질 것을 생각하지 못했다. 현실에서 도피하는 방법으로 내 생각을 적고 그 적은 것을 읽어 보면서 상상을 펼쳤다. 버킷리스트를 보는 것만으로도 나는 행복함을 느꼈다. 처음에는 '외국 음식 먹기', '가족 여행 가기' 등 소소한 내용이었다. 그러다가 내용이 점차 세세해지고 꿈이 더 커지는 것을 느꼈다. '해외 한 달 살기', '외국인과 자유롭게 대화하기', '세계 일주하기', '크루즈 가족 여행 가기', '내 이름의 빌딩 올리기' 등. 그중에 언젠가부터 버킷리스트에 '내 이름으로 책 출판하기'라고 쓰여 있었다. 사실 그렇게 썼다는 것을 최근에 자료를 찾다가 내용을 발견하고 깜짝 놀라게 되었다. 내가 지금 꿈을 실현하기 위해 책을 쓰는 중에 발견하니 너무 감격스러웠다. 나의 꿈과 소망이 저절로 행동으로 이루어지는 중임을 보게 되니 기분이 남달랐다. 다시 한번 버킷리스트 작성의 놀라운 중요성을 깨닫는 순간이었다.

"보물 지도를 만드는 일은 현재 주어진 일에 감사하고, 행복을 느끼면서, 꿈이 이뤄져가는 과정을 즐기는 일입니다. 그러면 인생에 좋은 흐름이 찾아오게 되고 당신은 그 흐름을 따라가다가 어느 한순간 최종 목적지에 도달하게 됩니다."

         – 모치즈키 도시타카, 『당신의 소중한 꿈을 이루는 보물지도』

이제는 버킷리스트를 보면서 언젠가는 이루어질 것을 경험으로 알 수 있다. 글로 쓰고 생각하고 눈으로 바라보면, 그 소망이 현실로 이루어진다. 그 법칙은 누구에게나 모두 똑같이 작용한다. 그러므로 현실에 안주하여 비관적인 생각을 하기보단 나의 소망과 꿈을 이룰 수 있도록 매일 나아가는 것이 중요하다. 나를 위한 행복을 위해 시도하게 되면 저절로 보람과 행복이 따라오게 될 것이다. 작가로 나아가는 나는 버킷리스트를 또 하나 이루는 중이다.

나는 작가가 되고 싶은 버킷리스트를 이루기 위한 수단으로, 나를 위해 꾸준히 필사한다. 필사(筆寫)는 책을 손으로 직접 베껴 쓰는 일을 말한다. 필사를 시작하기 전에는 '왜 하지? 시간이 많아서 그런가?'라는 의문이 들었다. 하지만 내가 필사를 하고 그 생각이 오해였다는 것을 알게 되었다. 매일 손 아프게 필사를 하는 이유가 있었다. 나를 위한 시간에 책을 베껴 쓰면 마음이 차분해짐을 느꼈다. 집중을 통해 뒤죽박죽이었던 머릿속이 정리되면서 안정이 되는 것을 느꼈다. 필사하면서 내 생각도 적어보니 필력도 많이 늘게 되었다. 책 내용을 내 것으로 소화하기 위해서 더욱 그 시간을 아끼고 최선을 다하게 되었다.

매일 나의 행복과 성공을 꿈꾸지만, 그 꿈을 바라보기만 하면 너무 시간이 오래 걸린다. 나의 성장을 이루기 위해 노력과 꾸준함이 꼭 필요하다. 그래서 매일 일정 분량의 필사를 꾸준히 한다. 사실 이렇게 습관화되기까지 쉽지 않았다. 나는 평소 많은 호기심에 반해 끈기가 부족하여 매번 작심 3일로 끝날 때가 많이 있다. 하지만 자신의 성격을 알기에 절대로 포기하지 않는다. 실패하면 다음부터 또 하고, 다시 하고 그러다 보니 어느새 필사한 지 약 10개월 차가 되어가고 있다.

시중에 매일 쓰기 좋은 필사책들이 많이 있다. 나는 그 책 중에 나에게 맞는 주제를 매일 아침 필사를 한 뒤 SNS로 인증을 한다. 글씨를 예쁘게 쓰지 않아도 내용이 어렵거나 이해가 되지 않아도 전혀 문제가 되지 않았다. 그 필사는 나를 위한 시간이었고 내가 느끼고 알게 되었으면 그것으로 성공한 것이다. 우연히 필사 모임에 참여해 매일 아침 필사를 하면서 어제 하루의 나를 반성한다. 그리고 오늘 하루가 행복하고 성공하길 바란다. 나는 그렇게 매일 일정 시간 만큼 나를 위해 모양을 다듬고 앞으로 나아갈 준비를 한다.

내가 나를 위해 시간을 보내면서 제일 바라는 것이 행복과 성공이다. 나는 매일 가족도 좋고 친구도 좋고 동료들도 좋으나 나 자신이 행복하기를 바란다. 그래서 나 스스로 자신에게 자연적으로 행복의 아우라가 펼쳐져 나로 인해 많은 사람이 행복과 희망을 느낄 수 있기를 바란다. 행복으로 가는 길에 정답은 없다. 하지만 나는 경험적으로 나 스스로 행복해야지 주변도 행복해지는 것을 알고 있다.

나는 '내가 버킷리스트를 쓰고 SNS에 올려 인증을 왜 할까?' 하고 생각해보았다. 행복하고 성공하고 싶다고 막연히 생각하고 있을 때는, 무엇을 해야 하는지를 알지 못했다. 하지만 진정 원하는 것을 생각하고 글로 쓰면서 눈으로 보며 매일 읽으니, 점차 현실이 되어가는 것을 알 수 있었다. 나도 사실 성공을 위해 앞으로 조금씩 나아가는 중이다. 그러나 목표가 없던 과거와 비교하면 나는 많은 성장을 보인 것이다. 성공이라는 결과도 물론 중요하다. 하지만 성공하기까지의 과정에서 내가 얼마나 나에게 많은 애정과 시간을 쏟았는지가 정말로 중요하다는 것을 알게 되었다.

인생의 궁극적인 목표에 도달하기 위해 1년에 한 번이라도 나를 위한 버킷리스트를 세워보자. 내가 이루고 싶은 것, 먹고 싶은 것, 하고 싶은 것, 갖고 싶은 것 등등. 생각하고 쓰는 것은 돈이 들지 않기 때문에 상상은 얼마든지 가능하다. 하지만 쓰면 알게 될 것이다. 글로 쓴 순간 두근거리는 내 마음을 발견할 것이다. 두근거림이 지속될 수 있도록 나만의 버킷리스트를 기한을 정하고 세세하게 계획과 목표를 세워보자. 시도하는 그 순간부터 그 버킷리스트는 꿈이 아니라 현실이 된다. 행복은 언제나 기다려주지 않는다. 내 행복과 성공을 위해서 내가 앞장서 나가야 한다.

"보물 지도는 꿈을 향해 도전하는 사람에게 꼭 필요합니다. 꿈을 향해 도전하는 사람은 넘치는 생기와 활력으로 주변 사람에게 용기와 희망을 안겨줍니다. … 당신의 마음속에 분명하게 떠올리는 일은 당신을 통해서 실현될 것이라는 약속을 받은 것과 같습니다. 꿈을 떠올리세요. 그리고 과감하게 도전하세요. 당신에게 필요한 그것은 그사이에 전부 주어질 것입니다."

— 모치즈키 도시타카, 『당신의 소중한 꿈을 이루는 보물지도』

04

나를 위한 투자는
빠지지 말고 하자

세상에 눈을 돌려보면 배울 것, 얻을 것이 넘쳐나는 세상이다. 이렇게 이야기하면 재미없는 사람으로 비칠 수 있다. 나도 역시 학창 시절에 내가 해야 할 공부는 다 했다고 생각을 했다. 그래서 어른이 된 후에는 내게 주어진 일에만 맞추어 살았다. 그때 나의 우선순위는 가족, 아이들이었다. 나라는 존재는 제일 뒤에 있었다. 그러다 보니 나 자신이 점차 사라지는 느낌이었다. 사실 내가 사라진다는 느낌조차도 인지하지 못했다. 그냥 남들 모두 그렇게 하는 것이라고 생각을 했다.

주변에서는 모두 "가족을 위해 사는 거지 뭐."라고 이야기한다. 나 역시도 그랬다. 하지만 내가 그렇게 억척스럽게 살수록 행복하지 않았다. 그럴수록 가족들은 오히려 부담스러워했다. 나는 나 자신보다 아이들이 좀 더 건강하고 행복하고 안전하게 자라기를 바랐다. 지금 와서 생각해 보면 너무 그렇게 목매지 않아도 되었을 것이라는 생각이 든다.

변화한 나를 보면서 지금은 느낀다. 스스로 자신의 행복을 위해 시간과 열정을 투자한다고 큰일이 나지 않더라. 오히려 열정적인 모습을 본 가족들이 지지해주고 응원해주었다. 그러면서 자연스럽게 엄마이자 아내는 공부하는 사람으로 저절로 알게 되었다. 아이들에게 전보다 화를 내지 않는 엄마가 되었다. 집에서 누워서 뒹굴뒹굴하며 보내는 시간보다 책상에 앉아 무언가를 하는 모습을 더욱더 많이 보여주게 되었다. 그래서 나 스스로 자존감이 높아지는 걸 느낄 수 있었다.

내가 제일 좋아하는 시간은 나를 위해서 책상에 앉아서 공부하고 책을 읽을 때이다. 여러 분야에 호기심이 많아서 많은 것을 벌여놓는 것이 일상이다. 코로나가 끝나면 해외여행 가고 싶어서 영어 공부를 한다. 내 건강을 위해 수영을 하러 다닌다. 수시로 책을 가까이하고 읽으면서 나와 다른 세상을 바라보고 있다. 그리고 아이가 배우고 싶다 하여 타로카드도, 유튜브도 도전 중이다. 지금도 글로 적지 못할 많은 것들에 도전하고 있다.

결과를 바라고 시도를 하지 않는다. 느낌대로 내 마음이 원하는 대로 따른다. 하고 싶은 일을 하는 스스로 행복한 존재가 되기 위해 노력한다. 항상 삶은 예측할 수 없다. 하지만 그 현실에 안주하기보다는 삶에 최선을 다한다. 혹시 지적을 받으면 고치려고 노력하고 변화하기 위해 최선을 다한다. 그러면 어느새 인정받는 사람이 되어 있다. 그렇게 나는 스스로 단단해지고 있고 변화에 더 이상 두려움이 없는 사람이 되었다.

세상은 나에게 많은 것을 바라지 않는다. 아니 아무것도 요구하지 않는다. 어렸을 적에는 정해진 틀에 맞추어 내가 따라 하기만 하면 되었다. 그래서 고민도 걱정도 없었다. 하지만 현재는 내가 스스로 찾아서 나를 더욱 빛나게 만들어야 한다. 나 역시 스스로 행복해지고 싶었다. 나를 위해 살고 싶었다. 그래서 저절로 아이들에게 잔소리 안 하고 그들의 눈에 자랑스러운 부모가 되길 바랐다. 부모를 통해 아이들이 배우는 것이 있으면 좋겠다는 생각을 했다. 적극적인 자세로 가족 모두가 활기차게 변화되기를 지금도 바라고 있다. 어느새 마음가짐부터 변화하게 되었다. 스스로 긍정적으로 생각을 하게 된 것이다. 그렇게 나를 위해 지금도 노력을 한다.

바쁜 현대 사회이지만 제일 쉽고 빠르게 나에게 투자할 방법이 독서이다. 독서는 시간과 장소에 구애받지 않고 쉽게 읽을 수 있다. 요즘에는 종이책 이외에 전자책도 있어 효과적인 독서가 가능해졌다. 나는 스스로 자신을 위해 공부하는 것 중 제일 시간을 많이 들이는 것이 독서이다. 어렸을 적 나는 책 읽기를 좋아했다. 하지만 현실에 찌들어 살면서 책을 좋아했다는 사실을 잊었다. 우연히 다시 책을 읽는 순간 내 세상은 바뀌었다. 책이 모든 일의 우선이 된 것이다. 나이를 먹으면서 선호하는 책의 장르도 변했다. 예전에는 로맨스 소설을 좋아했으나 요즘에는 자기계발 관련 책을 주로 읽는다. 나에게 적용할 것이 있는지 알아보고 변화하길 바라며 적용하는 재미가 있다.

그렇게 여러 분야의 책을 읽으면서 지식과 마음의 깊이를 늘려가며 소소하지만, 독서 모임에도 참여하게 되었다. 처음에는 독서 모임에 대해 낯설다고 생각했다. 책은 혼자 읽는 것이라는 편견이 있었기에 공유한다는 것을 어색하게 생각했다. 하지만 몇 차례 독서 모임에 참여한 뒤 생각이 바뀌게 되었다. 매월 정해진 책을 읽고 온라인이나 오프라인에서 만난다. 만나면 책에 관해 이야기하며 각자의 생각을 나누는 시간을 갖는다. 책이라는 공감대를 통해 서로 대화를 하며 자신의 이야기를 풀어놓게 된다. 그렇게 시간이 가는 줄 모르게 대화를 하게 되고 나와 다른 생각을 들으면 지식도 더 깊어지는 것을 느낀다.

지역마다 도서관에서 주최하는 행사들이 상당히 많이 있다. 내가 사는 시에는 독서 마라톤대회가 있다. 원하는 독서를 하고 지정한 만큼의 책을 읽고 리뷰를 온라인으로 작성하면 된다. 작년에는 책을 많이 읽지 못해서 실패했다. 그러나 올해는 성공해서 아이들에게 자랑스러운 엄마가 되었다. 대회에 장르가 정해져 있지 않아 원하는 책을 읽고 그 소감을 나누면 어렵지 않게 이룰 수 있었다. 아이들에게 독서 마라톤대회에서 상을 받았다고 보여주었다. 그러니 엄마가 대단하며 멋있다고 했다. 나 역시 얼마 만에 받아보는 상인지 너무 뿌듯했다. 의도하지 않았는데 엄마를 자랑스럽게 여겨 내년에는 아이들도 참여한다는 말에 더할 나위 없이 뿌듯했다.

책을 읽으면서 많은 생각을 하게 되었다. 무작정 책을 많이 읽는 것은 좋은 것이 아닌 것 같다. 한 가지 책이라도 나에게 마음에 와닿는 좋은 글이 있으면 그 책은 성공한 것이라는 것을 몸소 느꼈다. 책이 나에게 주는 또 하나의 배움의 지식인 것이다. 하지만 책은 내가 원해서 스스로 읽지 않으면 절대로 알 수 없는 세계이다. 세상에 대해 알고 과거, 현재, 미래에 대해 알기 위해서는 스스로 노력하며 책을 읽어야 하고 그래야 트렌드를 따라갈 수 있다는 것을 이제는 알게 되었다.

독서를 통해 내 시간을 투자하고 내 열정을 투자하면서 많은 성장을 이루게 되었다. 무기력했던 과거에서 벗어나 적극적이고 남들과 소통하는 내가 되었다. 고집스러운 성격에서 남의 말에 귀를 기울일 줄 아는 사람으로 점차 변화하게 되는 자신을 느꼈다.

"오늘의 나를 있게 한 것은 마을 도서관이었다. 하버드 졸업장보다 소중한 것이 독서하는 습관이다."

빌 게이츠가 남긴 이 명언처럼 모든 일에서 독서가 기본이 되어야 한다는 것을 깨닫게 되었다. 내가 행복해지기 위해 자격이나 물질보다도 더 중요한 것이 기본 습관이며, 독서야말로 나의 가치를 높여주는 중요한 요인이다.

노력은 배신하지 않는다는 것을 이제는 알 수 있다. 독서도, 공부도 모두 나를 위해 투자를 하는 나만의 방법을 찾은 것이다. 행복은 누구에게나 올 수 있지만, 그 행복을 꾸준히 누리기 위해서는 스스로 노력해야 한다. 절대로 저절로 들어오지 않는다. 나 또한 나를 행복하게 해주는 것을 매일 찾고 그 설렘을 꾸준히 느끼고 싶어서 매일 나를 위해 시간을 투자하고 또 책상에 앉는다. 이제 나는 전혀 불안하지 않고 불행하지 않게 되었다. 매일 할 일이 있고 끝이 있음이 나를 설레게 만든다.

05

잘하는 것 말고
좋아하는 것을 하자

  세상은 나에게 항상 최선을 다하라고 말한다. 나에게 목숨 걸고 책임을 다해 살아남으라고 말한다. 눈을 돌리지 말고 목표를 향해 하루 일당을 채우라고 채찍질한다.

  내가 어렸을 적 친정엄마는 갱년기로 인해 마음과 몸이 한동안 많이 아팠던 적이 있었다. 힘들어하고 아파하는 엄마를 보면서 나는 자라나게 되었다. 남을 도와주는 사람이 되어야겠다고 마음먹은 것은 자연스러운 일이었다. 나는 원하는 것을 이루기 위해 열심히 공부했다. 드디어 나는 내 꿈인 간호사가 되었다. 내가 배우고 느꼈던 간호사의 이미지는 '백의의 천사'였다. 항상 멋지고 자존감과 긍지가 높은 존재였다. 하지만 꿈을 이루었다고 이후의 내가 행복한 것은 아니었다. 현실의 간호사라는 직업은 행복보다는 끈기와 봉사를 요구하는, 체력을 제일 필요로 하는 직업이었다. 내 꿈과 현실의 괴리감이 매우 크게 다가왔다.

어느 날 환자가 이유 없이 나에게 시비를 걸고 짜증을 냈다. 아마 나에 대한 증오보다는 본인의 몸이 아프다 보니 그 화가 나에게까지 전달된 것으로 생각한다. 내가 일반인이었다면 이유 없이 당하지 않고 똑같이 화를 냈을 것이다. 하지만 나는 간호사였다. 그래서 그 상황에서도 참고 환자를 달래며 이유 모를 사과를 했다. 나는 그때 억울하다는 생각을 했다. 이게 맞는 것인지 회의감이 들었다. 하지만 나는 환자의 안위를 먼저 생각해야 하는 간호사였다. 환자는 일단 아파서 병원에 왔으니까. 나는 아픈 환자를 돌봐야 하니까. 나는 집으로 돌아가는 차 안에서 항상 생각한다.

'정녕 이게 내가 원하는 일인가?'
'내가 추구하는 행복의 결론이 이것인가?'

집에서도 같은 고민을 하는 경우가 종종 있다. 아무리 내가 원해서 얻은 아이들이고, 예쁜 내 아이들이지만 퇴근 후 집이 어질러져 있을 때,

또한 집 안에 빨랫감이 널브러져 있을 때다. 그럴 때면 나도 모르게 욱하고 화가 치민다.

평소에는 아이들에게 화를 잘 내지 않지만 나도 사람인지라 어떨 때는 평소와 같은 상황에서도 가끔 화가 난다. 그리고 아이들에게 나도 모르게 순간 화를 내게 된다. 그러고 나면 나는 곧바로 후회한다. 엄마의 호통을 들은 아이들은 엄마를 향해 미안해하는 모습을 보인다. 그 눈빛과 표정을 보노라면 '내가 좀 참을 걸…' 하는 생각이 들곤 한다.

그렇게 나는 내가 선택한 삶을 살아가고 있다. 나에겐 꿈에 그리던 간호사라는 일과 사랑하는 남편과 아이들이 있다. 이런 인생 계획에 따르면 나는 행복해야만 한다. 좋은 미래만 주어져야 한다. 하지만 나에겐 현실이 버겁게 느껴질 때가 있다. 세상에 좋은 모습, 행복한 모습만 있으면 좋겠지만, 세상은 내 마음대로 되지 않는다. 내가 원하지 않는 방향으로 흘러갈 때가 있다.

'내가 이상한 사람인가?'
'내가 예민한 사람인가?'
'내 가족들은 나를 어떻게 생각할까?'
'나를 이상한 사람으로 보지는 않을까?'

이런 부정적인 생각들이 나를 채우게 된다.

나는 인생의 굴곡을 이런 식으로 몸소 느끼는 중이다. 그때다. 내가 나를 위해 책을 읽게 된 것은. 나를 위해 시간을 쓰기 시작한 것은. 꼭 결과물이 필요해서 억지로 하는 일이 아니었다. 내가 그냥 나를 위해서 시간을 할애한 것이다.

나는 내가 좋아하는 카페 창가에 앉아 음악을 들으면서 책을 읽기 시작했다. 이제껏 나는 나만 힘들고 괴롭다고 느꼈다. 내게 남을 돌아볼 여유가 없었기 때문이다. 그러다 책을 통해서 타인의 삶을 들여다보게 되었다. 그 책에서 나는 그들의 인생과 생각을 알게 되었다. 나는 책을 읽으면서 '나만 이상한 사람이 아니구나, 내가 잘못된 삶을 살아가고 있는 것이 아니구나.'라는 깨달음을 얻었다. 타인도 나랑 똑같은 고민을 하며 비슷한 삶을 살아가고 있다는 것을 알게 되었다. 그런 것이 인간이라는 존재임을 나는 이제야 알았다.

내가 생각했던 것보다 삶은 복잡하지 않다는 것을 느꼈다. 인생의 굴곡이 누구에게나 있다는 것을 느낀 후 나에게 삶의 희망이 조금씩 싹트기 시작했다. 삶이 힘들다고 고민하는 나는 어린아이였는데, 책을 통해 어른이 된 것이다.

그렇게 해서 이제야 나는 점차 마음도 어른이 되어가는 것을 느낀다. 나는 나를 위한 시간을 할애하며 행복을 느낀 후 다른 행복도 찾아보고 싶었다. 거창하고 요란한 행복이 아닌, 자연스럽게 삶에 스며드는 그런 소소한 행복 말이다. 누군가에게 보여주고 싶지도 않았고 알려주고 싶지도 않았다. 그냥 자연스럽게 물 흐르듯이 행복해지고 싶다는 욕망이 나에게 피어올랐다. 나는 꼭 행복한 사람이 되고 싶었다.

나는 나에게 소소한 선물을 하기 시작했다. 그것은 글을 쓸 때 필요한 예쁜 볼펜 한 자루일 수도 있었다. 노트가 필요할 때는 나에게 내 취향의 핑크빛 노트를 선물하기도 했다. 가격이 부담되어 손 떨리는 물건은 내 눈에 들어오지 않았다. 반대로 이런 소소한 물건들이 나에게 더 필요하고 더 소중하게 느껴졌다. 그래서 나는 문구점, 쇼핑센터에서 나를 위해 쇼핑하는 것을 즐기기 시작했다. 아이들에게 필요한 물건을 살 때 내 것도 한 개 얹어서 득템하는 즐거움도 꽤 쏠쏠했다. 그렇게 나는 나에게 소소한 선물을 해주며 행복을 얻었다.

또 다른 행복을 얻기 위해 나는 헌혈을 쭉 하게 되었다. 처음에는 헌혈 후의 선물을 받기 위해 시작했다. 좋은 일도 하고 영화도 보기 위해 시작한 행동이었다. 하지만 헌혈을 한 후 느끼는 뿌듯함은 10회, 20회를 지나면서 점점 더 커져만 갔다. 이제는 목적이 있어서가 아닌, 뿌듯함을 느끼기 위해 주기적으로 헌혈하게 되었다. 어느덧 나는 62회까지 헌혈하게 되었다. 조혈모세포 기증자 등록도 하게 되었다.

내가 다니는 헌혈의 집에서 가임기 여성분들의 빈혈 수치가 보통 낮다고 이야기해주었다. 하지만 나는 다행히도 야근하고 퇴근하는 날이 아니면 언제나 헌혈할 수 있었다. 나는 착한 일을 할 수 있는 몸이 주어졌음을 감사하게 생각했다. 헌혈하기 위해 가끔 아이들과 동행할 때면 아이들은 간식을 먹으며 엄마를 기다렸다. 엄마가 헌혈하는 모습을 보고 아이들은 "피를 왜 빼요? 피가 어디로 어떻게 가요?" 이렇게 질문 했다. 이런 아이들의 의문을 풀어주자 아이들은 자연스럽게 엄마의 행동을 이해하고 자랑스럽게 여기게 되었다.

나는 내가 원하는 삶을 살고 있다. 그 부분을 누구에게나 자랑스럽게 이야기할 수 있다. 하지만 내가 원하는 삶이 곧 행복한 나를 만드는 삶이 되지는 않는다. 이것이 내가 잘하는 것 말고 좋아하는 것을 하자는 쪽으로 내 생각이 바뀐 이유다.

전 세계 누구에게나 똑같은 시간이 주어진다. 하지만 그 시간을 어떻게 사용하는지는 각자의 개성과 능력에 따라 천차만별이다. 경험을 통해 얻는 행복은 선물 같은 존재가 될 것이다. 나는 경험을 통해서 천천히 이

것을 알게 되었다. 지금 나의 목적은 필요한 일 이외의 시간에 내가 행복할 수 있는 이유를 만드는 것이다. 아직도 내 행복은 진행 중이다. 그러다 보니 해야 할 일에 대한 스트레스를 받지 않게 되었다. 그 대신 스스로 행복하기 위해 나를 위한 일에 시간을 투자하게 되었다.

  나는 그렇게 매일 시간을 쪼개가며 지내는 중이다. 행복한 결말을 기다리지 않고 나 스스로 현재의 행복에 만족해하는 습관을 들이게 되었다. 그렇게 24시간 내내 행복이 계속될 수 있도록 내 하루를 설계하고 가꾸게 되었다. 행복은 볼펜 한 자루로도, 노트 한 권으로도 나에게 다가왔다. 나의 행복을 위해 시도하는 첫걸음조차도 행복이 되어 돌아온다. 그 단순한 법칙을 알고 난 후 나는 내일이 두렵지 않게 되었다. 나는 지금도 나에게 다가올 내일이 기대된다.

06

긍정적인 말과 행동이
나를 단단하게 한다

살면서 제일 듣기 싫은 말이 있다.

"이거밖에 안 돼? 왜 이렇게 했어?"라는 질문이다. 그 대상이 선생님,
부모님, 동료 등등. 누구에게도 이 말을 들으면 좋았던 기분도 우울해지
기 마련이다. 사람은 말 한마디에 따라 용기를 얻기도 하지만 모든 기운
을 빼앗기기도 한다.

나 역시도 대학 입학 전 아르바이트 하던 때 사장님께 "시킨 일 다 했
어? 왜 이것밖에 안 했어? 안 하고 뭐 했어?"라고 지적을 받은 적이 있

었다. 나는 요령 피우지도 않았고 나름대로 열심히 했다. 다만 손에 익지 않아서 오래 걸렸을 뿐이다. 하지만 이를 보지 못한 사장님께서 나에게 여러 차례 같은 이야기를 하면서 지적을 했다. 처음에는 사장님의 눈에 다시 잘 보이고 싶어서 열심히 했다. 하지만 매번 같은 지적으로 인해 나는 의지를 잃게 되었다. 그래서 결국 이렇게 대하는 곳에서 일하면 안 되겠다는 생각을 했다. 단 한 번만이라도 나에게 어떻게 된 상황인지 연유를 물어보았다면 그렇게까지 서운해하지는 않았을 것이다. 만일 나에게 적절한 질문과 호의적인 태도를 보여주셨다면 이렇게 기분 상하지 않았을 것이다. 하지만 너무 배려 없는 모습에 화가 났다. 그 길로 그 음식점 아르바이트는 그만두게 되었다.

19세가 되고 태어나서 처음으로 돈을 벌기 위해 시작한 아르바이트였는데 이런 일로 그만두는 나 자신이 너무 속상했다. 하지만 나는 사장님에게 반박하는 것보다 그만두는 것이 적절하다고 판단했다. 그러면서 나는 다시 한번 생각했다. 내가 내 의사 표현을 똑바로 할 수 있도록, 세상에 대해 더욱 단단하게 변하리라 생각을 하게 되었다.

지금 다시 생각해보면 그때 사장님께 내 상황을 설명이라도 했으면 덜 속상했을까 하는 생각이 든다. 그때는 너무 속상하고 어린애 취급하는 것 같아서 무조건 도망치는 것이 방법이라고 생각했다. 어른들의 지적에 반박하는 것은 예의가 아니라는 생각이 들었다. 그래서 피해버린 것이 지금 생각해보면 안타깝다. 그렇게 포기해버렸던 아르바이트도 아쉬웠다. 세상은 쉬운 것이 하나도 없다고 느끼게 된 계기가 되었다.

대학 동창인 간호사 친구 A에게 가끔 연락이 오면 동료 간호사 때문에 힘들다고 이야기를 한다. 환자가 "자꾸 시켜서 미안한데, 아가씨 허리가 아픈데 이것 좀 도와줘."라고 이야기하면 동료 간호사는 "저 아가씨 아니라고요. 그리고 이런 일은 보호자분 부르세요. 보호자 없어요?" 이렇게 이야기를 해서 같이 일하는 동료를 난처하게 만든 적이 한두 번이 아니라고 한다. 동료 간호사 입장에서는 엄연히 '간호사'로 불리는 것이 당연하지만 어르신들은 아직도 '아가씨, 간호원' 그렇게 자신을 불러서 기분이 나빴다고 한다. 또한, 자신도 할 일도 바쁜데 혼자서 할 수 있는 것을 요구한다고 기분 나쁘다고 친구 A에게 이야기했다고 한다.

모든 상황이 서로의 입장에서 생각해보면 공감이 된다. 하지만 간호사 한 명의 모난 행동으로 인하여 병동의 분위기를 흐리게 만들고, 치료를 받으러 온 환자도 기분이 상했을 것이다. 결론적으로는 모두 좋지 않은 방향으로 흘러갔을 것 같다. 환자는 치료를 받기 위해 입원했다. 또한, 사정이 있어서 보호자가 없었을 것이다. 간호사는 의료서비스업으로 치료, 간호, 봉사해야 하는 것이 사명이고 목적이다. 하지만 간호사의 행동에 반하는 태도로 인해 다른 간호사의 위신도 떨어트렸다는 느낌을 지울 수 없었다. 조금이라도 환자에게 친절을 베풀고 배려 있는 행동을 했다면 더욱 기분 좋은 사회생활을 할 수 있을 것으로 생각하면서, 제삼자의 입장으로 안타까운 생각이 들었다. 이야기를 들으면서 나도 충분히 있을 수 있는 일이라고 생각했다. 도움을 줄 수 없어서 안타까운 생각이 들었다.

모든 사람에게 마찬가지겠지만 상대방의 처지에서 생각해보고 이야기하는 것이 정말 중요하다. 내가 품격 있는 사람이 되기 위해서는 상대방도 품격 있게 대해주어야 한다고 생각한다. 아무리 100번 잘했더라도 한 번 실수로 인해 큰 낭패를 볼 수 있으므로 항상 내 말과 행동에 주위를 살피고 함부로 행동해서는 안 될 것 같다.

결혼 초에 남편의 말투로 인해 여러 차례 다툰 적 있었다. 분명 처음 듣는 이야기였지만 그는 "그거 이야기했잖아."라고 전에 이야기한 것처럼 말을 한다. 이런 말투가 한두 번이 아니었다. 그럴 때마다 다시 재차 물어보면 내가 처음 듣는 말이었다. 하지만 다음에 이야기할 때는 역시 "○○했잖아~"라고 이야기를 한다. 습관처럼 하는 말투라는 것을 알았다. 하지만 나는 이해가 되지 않았다. '왜 그렇게 이야기하지? 나를 무시하는 걸까?'라는 생각이 들었다.

내가 그렇게 말하지 말라고 이야기도 했었다. 듣는 사람이 기분 나쁘다고 이야기도 해보았다. 하지만 내 노력에도 불구하고 똑같은 대화로 이어지는 말이 정말로 싫었다. 나를 무시한다는 생각까지 들었다. 사실 별거 아닌 것으로 넘어갈 수도 있는 이야기이다. 하지만 나는 나를 존중해주지 않는 것 같아 정말로 기분이 나빴다. 이렇게 무시해서는 같이 못 살겠다는 혼자 생각이 들 정도였다.

나는 남편과 수차례 대화와 설득을 통해서 내가 그런 말투를 듣기 싫다고 이야기를 했다. 남편은 그렇게 이야기를 했다는 자체도 잘 기억을 못 했다. 처음에는 왜 그런 것을 가지고 그러냐고 나에게 도리어 화를 내기도 했다. 하지만 듣는 나는 정말로 내가 무시당하고 있다는 생각이 들 정도로 너무 속상했기에 꼭 고치고 싶었다.

서로의 많은 노력으로 인해 지금은 남편의 그 말투가 거의 없어졌다. 사실 무의식적으로는 여전히 쓰고 있었다. 그래도 말투에도 신경 쓰고 배려하는 것이 느껴지기에 이 정도만으로도 감사하게 생각하기로 했다.

남과 남이 만나서 한 가정을 이루고 평생을 함께한다는 자체가 어려운 일이고 대단한 일이다. 그래서 서로의 다른 점을 이해하고 조율해가면서 점차 하나가 되어 가는 것이 가정이고 부부인 것임을 서로 이렇게 배우면서 무르익는 것 같다.

"말이 씨가 된다."라는 우리나라 속담이 있다.

평소 아무렇지 않게 했던 말들이 실제로 이루어질 수 있으니 말조심하라는 뜻이다. 내가 많은 나이는 아니지만, 말로 인해 화가 나기도, 풀어지기도 하는 모습을 많이 보았다. 그런 이후 나는 책임질 수 있는 그런 말을 해야 한다고 생각을 했다.

그래서 아이들에게도 생각을 한 번 하고 말을 하라고 조언을 한다. 아이들에게는 어려울 수 있다. 하지만 내 경험상 상대방을 생각하고 이야기를 하는 배려가 살면서 정말 중요하다는 생각을 한다.

비록 말뿐이라도 긍정적이고 행복한 말을 많이 하면 상대방도 기분이 좋아지고, 나도 기쁨이 충만한 느낌을 받는다. 내가 우울증을 극복하고 행복의 길로 나아갈 수 있었던 한 가지 이유도 남에게 배려하는 말투로 그로 인해 나 스스로 저절로 행복해진 것이라고 생각한다. 그렇게 하나하나 배워가며 감정을 행복으로 바꾸는 노력을 하고 있다.

긍정적인 말과 행동은 상대방을 만족시키는 일이지만, 근본적으로는 내가 행복해지고 단단해지는 것이 된다. 나로 인해 많은 사람이 행복을 느끼면 좋겠다는 생각이 든다.

07

꿈을 꾸기 시작하면서
변화가 시작된다

"꿈이란 그런 거야! 갈등하고, 타협하고, 그리고 아주 신나게 하지!"

— 영화 〈라라랜드〉

나는 간호사 대학병원 실습 때부터 응급실을 원했다. 다른 여러 분야도 실습했지만, 뇌리에 박힌 분야가 그곳이었다. 정신없이 바쁘게 뛰어다니는 선생님들을 보면서 두려움보다는 '멋지다, 대단하다, 나도 저렇게 되고 싶다.'라는 생각이 들었다. 나도 어디서 그런 열정과 용기가 났는지 잘 모르지만 '내가 응급실 간호사를 하면 행복하겠다.'라는 생각을 했다. 이런 이야기를 하면 대학교 친구들은 나를 이상한 눈으로 본다. 사서 고생한다는 눈빛인 듯하다. 하지만 나는 모든 직업이 위대하듯 응급실에서 내 열정을 불태우고 싶다는 생각을 했다.

그래서 간호사면허증을 취득하고 면접에서 제1순위로 지원한 부서가 바로 '응급실'이었다. 신규가 원하는 부서에 배정되기가 쉽지는 않지만 나는 원하는 곳에 배치를 받을 수 있었다. 내가 드디어 응급실에 발을 들이는 순간이었다.

사실 실습할 때는 참관, 학생의 입장이었다. 그래서 좋은 모습, 멋진 모습만 보였던 것은 사실이다. 현실의 매일은 땀이 비 오듯 흐르는 시간의 연속이었다. 하지만 나는 하늘을 나는 듯한 행복감을 느꼈다. 응급실 환자가 응급 상황에서 의사 오더 하에 치료를 받고 호전을 보여 퇴원하는 모습을 볼 때마다 간호사가 되기 잘했다고 생각을 하면서 스스로 자랑스러웠다. 사실 매일 땀이 비 오듯 흐르고 주말, 명절은 스피드를 다투는 운동선수가 된 것처럼 뛰어다녀야 하는 일도 다반사였다. 하지만 그때마다 나는 힘들기는커녕 행복함을 느꼈다.

나는 그렇게 첫아이 출산을 위해 분만 휴가를 들어가는 그 순간까지 응급실 신규 간호사로 1년 남짓 생활을 했다. 곧바로 돌아올 수 있을 줄 알았지만 복직하고 둘째 출산과 함께 응급실을 퇴사하게 되었다. 열정을 모두 쏟았던 신규 간호사 시절은 다시는 돌아오지 않을 멋진 경험과 추억으로 남게 되었다.

지금도 남편은 나에게 "다시 응급실로 왜 돌아가지 않아? 그때가 제일 빛나고 멋있었는데?"라고 묻는다. 나도 수천 번 수만 번 고민했지만 한결같은 대답을 하곤 했다. 이제는 그때 그만큼의 열정을 쏟을 수 없을 것 같아서, 그래서 추억으로 남겨 놓은 것이라고 말이다. 그때는 어린 만큼 누구에게도 지지 않을 패기와 열정을 지니고 있었기에 나는 멋진 신규 간호사 시절을 행복하게 떠올릴 수 있었다.

열정이라는 단어는 그렇게 활기차고 매력적으로 나에게 다가온다. 나는 그 경험이 있기에 새로운 것에 두려움이 없고 어려운 일에 주저함이 없는 것 같다. 수많은 시행착오와 힘든 생활 속에서도 신규 간호사 때 나에게 많은 도움과 배려와 가르침을 주신 선배님들이 있었기에 나는 간호사 생활을 유지할 수 있는 것 같다.

책을 쓰면서 다시 새록새록 느끼는 두근거림이 나를 설레게 한다. 주변에서는 간호사가 성격에 맞아서 하는 내가 신기하다고 한다. 간호사 일을 돈 때문에 하는 것이 아닌, 오직 내가 행복하고 좋아서 하는 일이라는 것을 아는 사람들은 다를 다시 보기도 한다. 누가 뭐래도, 환자를 돌보고 처치하며, 치료받던 환자가 호전을 보여 퇴원하는 모습을 보면서 행복함을 느끼고 직업에 대한 자부심을 느낀다.

내가 세 차례나 재미있게 보았던 한국 영화는 〈과속 스캔들〉이다. 주인공인 36세 남현수는 독신 생활을 즐기던 라디오 DJ로 한물간 연예인이다. 어느 날 청천벽력 같은 소식을 접하게 된다.

어느 날 딸(정남)과 손자가 현수에게 찾아온 것이다. 그 사실을 인정하지 않으려 했으나 결국에는 인정하게 된다. 중간에 여러 에피소드로 많은 웃음을 주며 딸(정남)의 꿈인 가수에 도전하게 된다. 자신의 현실에 안주하지 않고 꿈을 위해 나아가며 해피엔딩으로 막을 내린다.

코미디 한국 영화였지만 너무도 진지하고 생각을 많이 하게 되는 영화로 기억에 남는다. 사실처럼 이혼 남녀, 미혼모 등의 현실을 잘 반영하고 있는 영화라서 많은 여운이 남았다.

그중에 주인공 딸(정남)의 대사가 귓가에 맴돌았다.

"내가 나오고 싶어 나왔어? 나 조용히 살겠다잖아. 하고 싶은 노래도 안 하면서 살겠다잖아. 내가 뭘 그렇게 잘못했는데, 여기 있는 내 눈 이거 코 이거 다 아버지가 만든 거잖아. 나 여기 있잖아. 왜 내가 없었으면 해? 왜? 내가 여기 이렇게 있는데 왜!"

영화에서 정남이는 아빠가 인정하지 않은 자식이며 미혼모이다. 그러나 자신의 현실에 안주하지 않고 가수가 되고 싶다는 꿈 하나로 서울에 상경해 아빠의 라디오 노래자랑에 나가는 목표를 달성해가는 데 주저하지 않는다. 가정형편에 굴하지 않고 꿋꿋이 꿈을 위해 나아가는 주인공의 모습을 보면서 영화 보는 내내 눈물과 응원을 아낌없이 보내주었다.

문득 나는 이 영화를 보면서 내가 이렇게 꿈을 위해서 미친 듯이 달려본 적이 있는가 하는 생각이 들었다. 과거의 나는 적당히 현실과 타협하는 사람이었다. 꿈을 위해 달리기보다 현실의 흐름에 내가 맞추며 살아갔다. 적당히 성실하고 적당히 착한 존재로 다른 이들의 눈에 띄지 않고 평범하게 사는 것이 내 모습이었다. 그런 내 모습이 괜찮다고 생각했다. 모두 그렇게 사는 것인 줄 알았다. 사실 나는 지금 현실도 좋고 행복하고 만족스럽지만, 한 번쯤은 가슴 떨리게 열정 가득한 일을 한번 해보고 싶다는 생각을 하게 되었다.

내가 행복하기 위해 좋아하는 것을 하기로 했다. 그 이후 나를 행복하게 했던 것들이 떠오르기 시작했다. 피아노 치기, 책 읽기, 책 리뷰하기,

컴퓨터 조작 및 새로운 것 배우기 등등. 잃어버렸던 나 자신을 발견하고 행복이 물밀 듯이 밀려와 나를 향해 파도를 치고 있었다.

간호사의 인생이 내 첫 번째 인생이었다면, 지금 작가로 변신해서 글을 쓰고 있는 내 모습은 두 번째 인생이 될 것이다. 누구도 시키지 않았고 도전을 승낙할 것으로 생각한 사람도 단 한 사람도 없었다. 하지만 지금의 현실에서 좀 더 멋진 결말을 위해 새로운 도전을 하는 중이다. 남들이 보기에 좋은 사람이 되기보다 스스로 행복한 사람이 되고 싶다. 그래서 스스로 자신에게 좀 더 엄격하고 바쁜 현실을 살고 있다.

누구나 계획을 세우며 하루를 살고 있다. 하지만 꿈을 향한 계획을 세우는 사람은 흔하지 않다. 또한, 그 꿈에 대한 계획을 실천하는 사람은 더욱 흔하지 않다. 그래서 꿈을 꾸는 것 자체가 위대한 것이다. 숨 쉬는 것만큼 쉬운 것이 바로 꿈을 꾸는 일이다. 많은 사람이 자신이 가장 행복하게 느꼈던 꿈을 다시 한번 생각해보고 그 짜릿함을 다시 느끼고 나아가는 사람들이 많아졌으면 한다.

영화의 주인공처럼 나의 현실이 최후의 선택인 것처럼 필사적으로 한번 살아보고 싶다. 내가 열심히 사는 이유는 나 자신이 행복해지기 위함이다. 꿈을 꾸기 시작한 나는 이제는 고민하고 좌절할 시간이 없다. 두근거리는 내 마음이 향하는 곳으로 찾고 달려가는 행복을 따라가다 보면 어느새 총명한 빛을 낼 수 있으리라 생각이 든다.

"행복은 성취의 기쁨과 창조적 노력이 주는 쾌감 속에 있다."

– 프랭클린 D. 루스벨트

08

실패에서도
배울 것은 많다

매일 아침 각오를 하며 하루를 시작한다. 내가 제일 잘하는 것은 작심 3일이다. 성공하고 싶지만 '바쁘다, 정신없다, 깜빡했다'라는 여러 핑계로 실패를 밥 먹듯이 하는 중이다.

그래도 매일 아침 계획을 세우면서 오늘은 내가 성공할 것이라는 생각을 하고 아침을 시작한다.

"오늘은 읽다가 멈춘 책을 모두 읽어야지."
"듣다가 만 강의를 다 들어야겠어."

"다 할 때까지 잠자면 안 돼."

이런 여러 가지 계획을 세우면서 나는 성공을 다잡아본다.

만인의 숙제인 다이어트가 매년, 매월 인생의 목표이다. 코로나 이전에 헬스장 개인 PT를 받으러 갔다. 혼자서 헬스장에 가서 운동하려고 시도해보았으나 성과가 없었다. 그래서 도움을 받고자 나에 대해 투자를 한 것이다. 그 당시 여윳돈으로 나름 커다란 각오로 투자를 한 것이다. 돈과 시간을 들이면 성공할 수 있을 것이라 부푼 꿈으로 시작했다. 처음 만난 담당 트레이너는 나에게 "근육량이 많아서 충분히 성공할 수 있어요."라며 할 수 있다는 응원과 용기를 주었다. 나는 첫 1~2주는 시키는 대로 시간 맞추어 열심히 따라 했다. 퇴근 후 무조건 헬스장에 가서 운동했다.

하지만 시간이 갈수록 흥미가 떨어졌다. 마음에서 멀어지니 몸도 멀어지게 된 것이다. 점차 핑계가 많아지고 해야 할 이유보다 못 하게 되는 이유가 더 많아졌다. 일이 힘들어서 못 가고, 다음 근무에 지장이 있을까봐 못 가고, 약속이 있어서 못 가고 등등. 만들 수 있는 핑계는 모두 썼던 것 같다. 결국, 다이어트를 위해 비싸게 투자를 했지만 한 달도 안 되는 시간에 포기하고 말았다. 정확히 말하면 잠수하였다.

나의 실패 요인이 무엇일까 하고 생각하게 되었다. 분명 트레이너는 내가 근육량도 많고 기초대사량이 높아서 충분히 할 수 있다고 했다. 처음에는 정말로 열정 가득하여 뭐든지 할 수 있을 것 같아서 씩씩하고 힘차게 운동을 다녔다. 하지만 어느새 열정이 식어버린 것이다.

나는 먹는 즐거움을 포기할 수 없었다. 식단 조절은 나에게 사치였고, 예쁜 것보다 맛있는 것이 더 행복한 시절이었다. 또한, 직장이 바쁘고 힘들다는 핑계가 자신을 스스로 포기하게 했다. 운동에 대해 100여 가지 장점이 있었으나 단 두 가지 이유로 나의 다이어트가 실패로 돌아가게 된 것이다.

왜 내가 실패를 자꾸 하는지 생각해보았다. 생각할 때는 완벽히 다이어트에 성공할 것 같지만 실제로는 얼마 못 가고 포기를 했다. 나는 투자도, 타인의 도움도 소용이 없었다. 오로지 내 마음이 문제인 것을 알게 되었다. 나는 내 마음이 동요하지 않은 이상은 절대로 성공할 수 없다. 결국 비싼 돈을 투자하여 큰 깨달음을 얻은 것이다.

나는 돈이 문제가 아니라 가슴이 떨려야 무슨 일이든 지속할 수 있는 사람임을 알게 되었다. 머리로 한 생각은 오래가지 못한다. 오로지 가슴이 시키는 행동을 해야 내가 자발적이고 행복한 존재가 된다는 것을 알 수 있었다. 이제는 내가 가슴 떨리는 일을 찾아서 하고 그런 삶을 살고자 매일 시도하고 배우는 중이다.

나는 간호사 졸업장이 마지막 공부인 줄 알았다. 대학 생활을 힘들게 공부를 한 탓에 더 이상의 공부는 내 삶에 없을 줄 알았다. 그러나 가정 주부로 육아에 전념하던 2년 남짓한 시간 동안 아이로 인해 복직은 꿈도 못 꾸는 그동안 나는 탈출할 방법을 찾고 있었다.

그 방법이 간호직 공무원 준비였다. 사실 미치도록 하고 싶은 생각은 없었고 육아를 벗어날 방법으로 여러 방면으로 궁리를 하다가 그중 선택한 한 가지가 공무원 준비였다.

나는 인터넷으로 정보도 찾아보고 일단 필요한 책을 사기로 했다. 나에게 제일 걱정스러운 부분이 영어와 사회였다. 그래서 유명하다는 문제집을 구입했다. 낮에는 육아와 집안 살림을 하고, 세 아이가 자는 밤에는 공무원 공부를 시작하기로 계획도 세웠다.

나는 드디어 멋진 미래를 꿈꾸면서 책상에 앉아 영어책의 첫 장을 폈다. "두둥!" 첫 장에서 영어 지문으로 된 문제를 보면서 나는 말문이 막혔다. 이게 무슨 일인가 싶었고 잘못 본 것이 아닌지 하는 의문이 들기 시작했다. 하지만 아무리 정신을 차려 봐도 문제집이 잘못된 것은 아니었다. 나는 또 당황하기 시작했다.

나는 내가 공부를 멋지게 해서 간호직 공무원이 되어 당당히 출근하는 모습을 상상했다. 새로운 안정된 일자리를 얻어 멋진 내가 되고 싶었다.

하지만 공무원 시험은 학교 공부와는 차원이 달랐다. 학교 교육의 지식으로는 극히 일부분만 알 수 있었다. 육아하는 동안 꾸준히 공부하지 않은 나는 더욱이 알 수 없었다.

공무원 영어가 너무 어려웠다. 사실 말하자면 첫 장을 보고 10분가량 그대로 책을 보다가 그냥 덮었다. 이 길은 내 길이 아닌 것을 바로 알게 되는 순간이었다. 원래는 온라인 강좌까지 시작하려 했으나 강의는 등록 전이라 천만다행이라 생각이 들었다. 정말로 누구에게 말하기도 창피하지만, 또 바로 실패를 한 것이다.

나는 점차 도전에 대한 두려움이 생기는 자신을 보게 되었다. 항상 커다란 꿈을 꾸면서 주저하지 않고 도전을 하는 것은 자신이 있다. 하지만 나의 성향과 뒷일은 생각하지 않고 오로지 머리가 시키는 대로 하고 싶은 것에 도전하는 무모함에 점차 질리게 된 것이다.

지금 생각해보면 과연 내가 가슴 떨리게 하고 싶던 도전이 맞는지 의문이 든다. 그 당시에는 내가 육아를 탈출하고 싶은 그 마음이 나를 움직이게 한 것 같다. 마음이 동요하지 않으니 당연히 결과가 좋을 수가 없었다. 나는 그 당시에는 뒤를 생각할 겨를이 없어서 매일 앞만 보고 세월한탄만 하던 그런 철없는 시절이었기 때문에 나만 힘들다고 생각하면서 또 좌절의 나날을 보냈다.

몇 차례 좌절과 실패를 경험하고 나는 깨달았다. 남이 하는 것이 좋게 보인다고, 내 눈과 머리가 시켜서 하는 행동은 절대로 행복을 맛볼 수 없다는 교훈을 말이다. 열정 가득했던 그 당시조차도 빨리 식어버리는 바람에 좋은 결말을 볼 수 없었다. 나는 몇십 년 동안 내 마음의 이야기를 들으려 하지 않았다는 사실을 깨달았다. 그래서 나는 항상 제자리걸음을 하고 있었던 것 같다.

이렇게 생각을 해보고 정리를 하니, 참 도전도 실패도 많이 했다는 생각이 들었다. 나에게 도전은 삶의 활력이었고, 그날의 활력이 되고 재충전이 되는 것 같았다.

"무엇을 선택하느냐보다 선택 이후의 행동이 더 중요하다."

– 유재석

나는 책에 쓰기에도 모자를 만큼 수많은 도전과 실패를 맛보았다. 그런 일이 많아질수록 나는 실패에서도 배울 점이 있다는 것을 알게 되었다. 나의 실패한 횟수만큼 나 자신은 성장하고 있다. 이제는 가슴 떨리는 그런 도전을 선택해서 시도해보자. 나는 아직도 포기하기엔 너무 하고 싶은 것, 이루고 싶은 것이 많다.

*

3장

주변에 신경 쓰기보다는
나 자신에 집중하다

나 스스로 '괜찮다'
위로를 한다

어린 시절에는 부모님, 선생님, 친구들에게 힘들고 속상한 일, 어려운 일이 생기면 조언을 구하고 주변에 털어놓으며 위로를 받았다. 그렇게 고민을 풀어갔다. 하지만 어른이 되고 난 뒤에는 이야기를 나눌 곳이 많지 않았다. 오히려 나에게 의지하고, 나의 도움이 필요한 사람들이 늘어 남에게 내가 위로와 의지가 되어 주어야 했다. 나도 어른이 되었으니 내가 받은 만큼 주변 사람에게 도움이 되고 싶어서 노력했다. 그러나 사실 나도 가끔은 위로를 받고 싶을 때가 있다. 정말로 힘들 때는 남편이나 친정엄마에게 털어놓지만, 이제는 그들이 공감을 못 해줄 때가 종종 있다. 엄마라서 그렇다고 하며 나에게 어쩔 수 없다고 이야기를 했다. 그래서 나는 이제 자신을 스스로 위로하기로 마음먹었다.

"지난달에는 무슨 걱정을 했지? 그것 봐. 기억조차 못 하고 있잖니. 그
러니까 오늘 네가 걱정하는 것도 별로 걱정할 일이 아닌 거야. 잊어버려.
내일을 향해 사는 거야."

– 앙투안 드 생텍쥐페리, 『어린 왕자』

딸아이들이 모두 안경을 쓰고 있다. 여덟 살 때쯤 친정엄마가 "딸이
TV가 잘 안 보이는 것 같은데 한번 안과에 가봐야 하겠는데?"라고 이야
기를 했다. 그길로 세 아이를 모두 데리고 가까운 안과를 갔다. 한 명은
괜찮지만, 딸아이 두 명은 한 명은 난시, 또 다른 한 명은 약시 진단을 받
았다. 내가 어렸을 적부터 안경을 오랫동안 끼고 있어서 눈만큼은 나를
닮지 않았으면 하는 바람이 있었다. 하지만 그 바람과는 다르게 두 명 모
두 눈이 나쁘다는 소식에 매우 슬펐다. 큰딸은 바로 안경을 맞추었다.

그러나 작은딸은 한쪽 눈 약시는 안경을 써도 교정이 되지 않으니, 원
인을 찾고 해결을 빨리 해야 한다고 했다. 소아 전문 안과를 찾아가 정밀
검사를 몇 차례 한 뒤 진단을 알게 되었다. 속눈썹이 눈을 자꾸 찔러서 각
막 손상이 되어 약시가 되었다는 것이다. 너무 어린 나이라서 각막 손상
을 약물로 치료해 보고 난 뒤 그래도 호전이 없으면 수술을 하자고 했다.

치료도, 수술도 나에게는 청천벽력과 같은 소리였다. 모두 내가 안 좋은 것을 물려준 것 같아서 너무 속상했다. 모두 내 잘못이라고 이야기를 하는 것 같았다. 이미 벌어진 일이라 누구를 탓할 수도 없었다. 엄마는 정신을 바짝 차려야 했다. 울지 말고 강해져야 했다.

2년 동안 두세 달에 한 번씩 큰 병원에 가서 검사하고 약을 타왔다. 하지만 나빠지지는 않았지만, 호전이 없었다. 그래서 결국 대학병원에서 수술했다. 수술이 제일 나은 방법이라는 것은 알지만 모두 내 잘못 같았다. 엄마의 불안함을 알기라도 하듯 아이는 울지도 않고 떨지 않았다. 그리고 괜찮다고 오히려 내 손을 잡아주었다. 다행히 수술을 무사히 마쳤다. 걱정했던 것과는 달리 대견하게 수술을 잘 받고 나온 아이가 정말 고마웠고, 그제야 안도의 한숨을 쉴 수 있었다.

친정엄마의 눈썰미와 아이들에 관한 관심 덕분에 더 늦지 않게 눈이 나쁘다는 사실을 발견하게 되었고, 그 덕분에 꾸준히 안과 진료를 다니고 있다. 정말로 아이들은 스스로 이야기를 하지 않으니 부모의 관심이 절대적으로 필요하다는 것을 다시 한번 깨닫게 되었다.

우리 아이들은 여전히 눈을 비롯하여 여러 크고 작은 고민과 사건들을 갖고 있다. 그때마다 혹여 안 좋은 소식을 들으면 어쩌나 하는 걱정과 고민이 생긴다. 어느 부모들도 마찬가지일 것이다. 하지만 우리는 어린아이처럼 모든 것을 주변에 털어놓을 수 없는 어른이 되었다. 위치가 나를 외롭게 만드는 것 같지만 투덜거릴 수 없다. 그러면 차라리 스스로 위로하면서 괜찮다고, 괜찮아질 것이라고 이야기를 해주는 것도 괜찮다. 나도 그렇게 걱정을 털어왔다.

세상엔 건강한 사람, 건강에 자신 있는 사람이 많이 있다. 나도 그중 한 명이었다. 하지만 얼마 전부터 먹기 시작한 약은 아마 평생 먹어야 할 것이다. 나는 처음 진단을 받았을 때 하늘이 무너지는 줄 알았다. 출산 때 힘든 이후로 아마 TOP3에 들 정도로 힘든 일이여서, 하늘이 노랗게 변했다. 돌아오는 차 안에서 소리 내어 펑펑 울었다. 정말로 정신을 놓을 정도로 목 놓아 울었다는 말이 더 어울릴 것 같다. 의사 선생님은 "행운이다. 약만 잘 먹으면 된다."라고 했지만 나는 인정하는 게 두려웠다. 인정하면 진짜로 내 것이 될 것만 같았기 때문이다.

귀찮아서 영양제도 챙겨 먹지 않았고 평상시 건강을 자부하면서 운동도 하지 않은 나 자신이 원망스러워지기 시작했다. 모든 것이 다 내 문제인 것처럼 느껴지고 세상이 나를 비난하는 것처럼 손발이 떨리고 눈물이 멈추지 않았다. 사소한 것들이 모두 원망처럼 느껴졌다. 너무 속상해서 눈물이 멈추지 않았다.

한 30분쯤 지났다. 조금 안정이 되고 난 후 나는 정신을 차릴 수 있었다. 부정적이고 우울한 생각이 온 머리를 지배하고 있었다. 나는 다시 일어나야 했다. 집에 기다릴 아이들이 있고, 남편에게도 이 사실을 알려야 했다. 다른 사람에게는 비밀로 해도 남편에게는 알려야 했다. 그래서 진정이 된 후 전화로 내용을 알려주었다. 남편은 깜짝 놀라 다른 병원 가서 검사를 더 받아보자고 했지만 나는 지금이 행운이라는 말을 믿겠다고 했다. 증상이 있어서 검사한 것이 아니라, 우연히 발견한 것이라서 지켜보겠다고 이야기했다.

통화를 마치고 나니 냉정하게 세상이 보였다. 이제는 내가 정신을 차리고 살아야겠다는 생각이 든 것이다. 큰 충격을 받고 나니 세상에 소소하고 작은 고민은 전혀 문제가 되지 않는다는 것을 알게 되었다. 누구나 내일 어떻게 될지 모른다고 하지만, 막상 내가 그 처지가 되고 보니 작은 것에 연연해야 할 필요도 없고 남의 눈치를 볼 시간도 없다는 것을 알게 되었다. 남의 이목을 걱정한다는 것은 의미 없는 일이라는 것을 알게 되었다. 과거의 내가 했던 행동은 너무 순진하고 고민할 것도 없는 행동이었다는 것을 알게 된 것이다.

거기까지 생각이 진행되니 이왕이면 남은 생을 행복하게 나를 위해 살고 싶어졌다. 스스로 당당한 사람이 되어 먼 훗날 자녀들이 나를 멋진 사람으로 기억하길 바랐다. 누가 나를 위로해주지 않아도 된다. 스스로 자신을 위로하면서 앞으로 나아가면 되니까. 너무 당연한 진리를 나는 이제야 알게 된 것이다.

나는 항상 사랑받고 싶었고, 행복해지고 싶었다. 그렇게 찾고 싶어 외칠 때는 전혀 어디에 있는지 모르기만 했었는데, 어느 순간 '짠' 하고 행복이 나타났다. 지금, 이 순간이 나에게는 최고로 행복한 순간이다. 과거와 미래를 비교할 필요도 없고 스스로 행복한 것을 찾고 주변에 그 행복을 배치해두면서 최고로 행복한 하루를 만들면 그것이 나의 행복이 되는 것이다.

나는 아이를 통해서도 배우고, 병원 진료를 통해서도 깨닫게 되었다. 세상에서 내가 제일 중요하며, 지금 내가 살아가는, 바로 오늘이 제일 행복하고 중요한 날이라는 것을 알게 되었다. 우울하게 살기에는 내 인생이 너무 아깝고 그렇게 시간을 허비하기엔 무의미하다는 것도 깨닫게 되었다.

"두려움이 아닌 희망과 꿈의 조언을 구하라. 좌절에 대해 생각하지 말고 채워지지 않은 잠재력에 대해 생각하라. 시도했다가 실패한 것을 신경 쓰지 말고 여전히 가능한 것에 관심을 가져라."

– 교황 요한 23세

세상에는 많은 터닝포인트가 있다. 그 전환점을 슬기롭게 잘 헤쳐나가서 모두 자기 자신이 행복해지는 순간을 찾았으면 한다.

02

할 만큼 했으면
그것으로 족하다

사람들은 누구나 흠이 없기를 바란다. 나도 주변에 좋은 모습만 보이기를 희망하며 매 순간 열정을 다한다. 하지만 열정이 과하면 독이 되듯이 내 열정이 부작용으로 나타나기도 했다. 나는 처음에는 그 사실을 이해할 수가 없었다. 내가 부와 명예를 바라보고 그렇게 한 것도 아니고 스스로 최선을 다했다고 생각을 했지만, 타인의 눈에는 내가 잘난 척한 것으로 비친 것이다.

나는 컴퓨터 서류 작업을 좋아한다. 내 할 일이 끝나면 남은 시간에 나의 도움이 필요한 사람들을 도와주는 것을 큰 기쁨으로 생각한다. 그게 사회생활이고 내가 좋아하기 때문이다. 그렇게 친목도 쌓고 직장생활에 도움이 되는 일이라고 생각을 했다. 하지만 나를 이해하지 못하는 사람도 있었다.

차라리 나에게 먼저 물어보았으면 더 쉬웠을 텐데, 타인의 입을 통해 나에게 전해지는 뒷이야기가 주는 충격은 이루 말할 수 없었다. 뒤통수를 맞는다는 느낌이 이런 느낌인 것 같았다. 내 생활이 잘못되었다고 생각하지 않았다. 잘 지내고 있다고 자부하고 살아왔던 내 삶의 방향성이 틀어지는 순간이었다. 내가 딱히 남에게 피해를 준 것도 아닌데 선의의 행동으로 한 행동이 제삼자의 처지에서는 내가 잘난 척하는 것으로, 잘 보이려 한다는 것으로 다가왔다는 충격은 이루 말할 수 없었다. 그래서 하마터면 배신감에 사표를 쓸 뻔했다.

내가 너무 힘이 들 때 좋아하는 선배님을 찾아갔다. 사회생활 십여 년 차이지만 여전히 대인관계는 어렵다. 몇 차례 눈물바람을 하며 찾아가는 후배의 이야기를 매번 끝까지 들어주신 선배님은 나에게 괜찮다고 위로를 해주었다. 너무 신경 쓰지 말고 내가 하던 그대로 하라고, 너는 충분히 잘하고 있다고 이야기를 해주셨다. 나에게는 직장 일보다 더 어려운 것이 사람 관계였다. 이 경험으로 나는 혼자서 열심히 한다고 모두 인정해주지 않을 뿐만 아니라 오히려 잘난 척한 것으로 보일 수 있다는 것을 처음으로 알게 된 것이다.

　너무 한 부분에 집중하니 스트레스가 쌓여 일상생활이 불가능해질 정도로 집착한 모습을 보이게 되었다. 상황이 그렇게 되니, 조절되지 않는 내 스트레스로 인하여 가정에서까지 내 눈치를 보는 가족들의 모습이 나에게 보였다. 그때야 나는 정신을 차리게 되었다. 지금 내가 뭐 하는 것인지 그제야 알게 된 것이다. 이기적이게도 나는 내 생각만 하여 나를 기다리는 가족을 신경 쓰지 못했다. 남편은 그렇게 힘들면 그만두라고 이야기까지 했지만 나는 그럴 수가 없었다. 생각 차이로 내가 포기하기엔 너무 억울하다는 생각이 들었다.

　지금도 나는 내 행동이 잘못되었다고 생각하지는 않지만, 타인의 눈으로는 다르게 볼 수 있다는 것을 이해하게 되었다. 나는 몸소 그것을 체험하게 되었다. 하지만 나는 깊이 생각하지 않기로 했다. 눈치 보지 않기로 했다. 내가 필요한 곳이 있다면 나는 계속 도와드릴 것이다.

　단순하게 생각하기로 마음을 전환하게 된 것이다. 그렇게 생각을 바꾸니 전혀 나는 내가 하는 일에 거리낌이 없었다. 타인의 시선을 웃어넘기는 여유도 생겼다. 변화한 나의 모습을 스스로 돌아본 뒤 다시 처음의 밝은 내가 될 수 있었다.

이런 경험은 책이나 남의 이야기를 들을 때는 공감이 되지 않았다. 하지만 내 상황이 되고 나니 심각성을 알 수 있었다. 아마 나 혼자였으면 벗어날 수 없었을지도 모른다. 하지만 내 주변에 나를 믿고 지지해주는 많은 분이 있었다. 그래서 나는 존재 자체로 소중한 사람이라는 것을 다시 한번 알게 되는 순간이었다.

나는 아이들에게 공부, 시험 혹은 대인관계에 이르기까지 한결같이 이야기한다.

"네가 할 수 있는 최선을 다해라. 그러면 혹시나 그에 관한 결과가 좋거나 나쁘거나 그 이후의 일은 네가 고민할 부분이 아니다."

이 말은 내가 부모님께 받은 교육 철학이다. 중학생이 되기 전까지 엄마는 나와 함께 문제집을 같이 풀고 공부를 하셨다. 학원을 보내줄 형편이 되지 않아 엄마의 차선책으로 함께하기로 한 것이다. 엄마는 나에게 항상 최선을 다하라고 이야기했다. 내가 최선을 다한 모습을 보신 엄마는 성적에 대해서는 단 한 번도 나를 야단친 적이 없었다. 나는 그래서 자연스럽게 보여주는 공부가 아닌 내가 하고 싶어서 공부를 꾸준히 하게 되었다. 노력한 만큼 나오는 결과에 대해 자연스럽게 인정하게 되었다. 스스로 나의 장단점을 알고 내가 할 수 있는 부분에 최선을 다하고 이후의 후회는 나에게 없었다. 내가 선택한 것이니 후회할 필요가 없기 때문이다. 나는 그렇게 배웠고 그래서 자율적으로 꾸준함이 몸에 밴 것 같다. 그래서 나는 아이들에게 똑같이 가르친다. 잘하라고 이야기하지 않고 최선을 다하라고 이야기한다.

초등학생인 나의 아이들이 "왜 엄마는 내가 점수 잘 받아왔는데 칭찬 안 해 줘요?"라고 물어본다. 당연히 기쁘고 좋지만 내색하지 않는다. 아이들에게는 "네가 열심히 한 만큼 나온 네 점수잖아."라고 이야기한다. 아이들은 내 마음을 모두 이해할 수는 없겠지만 나는 아이들이 점수에 연연하지 않았으면 하는 바람이다. 점수뿐만 아니라 우리 아이들이 인생을 살 때 최고가 되는 것을 목표로 하기보다 자기 할 일을 잘하는 사람이 되기를 부모로서 바란다.

세상에서 점수로 사람이 비치는 것은 한순간이다. 나도 한때는 최고가 되고 싶었고 잘난 사람이 되고 싶었다. 의사도 되고 싶고, 판사도 되고 싶었다. 하지만 높은 벽 앞에서 좌절했다. 내가 노력한 만큼의 결과물로 살아가는 지금의 나의 삶을 뒤돌아보았다. 이 자리에서도 나는 행복한 사람이라는 것을 알게 되었다. 최고가 되어야만 행복한 것은 아니다. 잘나지 않아도, 평범해도 충분히 사랑받을 자격이 있고 행복한 사람이 될 수 있다는 것을 나는 인생을 통해 알 수 있었다.

아직도 세상은 1등만을 바라지만 내 철학은 그와 반대된다. 1등이 되지 않아도 충분히 행복할 수 있으며 자신의 인생을 책임질 수 있는 사람이 되면 충분하다고 생각한다. 인생은 점수보다 끈기, 성실함, 참신함, 철학을 더 필요로 한다. 비록 내 철학이 최고가 될 수는 없을 수도 있다. 하지만 우리 아이들은 좌절보다는 만족과 행복을 더 알았으면 하는 바람이다.

내가 감명 깊게 읽은 헬렌 켈러는 이렇게 이야기했다.

"행복의 한쪽 문이 닫힐 때, 다른 한쪽 문은 열린다. 하지만 우리는 그 닫힌 문만 오래 바라보느라 우리에게 열린 다른 문은 못 보곤 한다."

세상은 한곳만 바라보고 달려가는 곳이 아니다. 세상에는 방법도 여러 가지 요령도 천차만별이다. 나는 살면서 경험 때문에 알게 되었다. 나의 아이들은 저절로 깨닫기를 바란다. 한곳에 집착하지 않고, 다른 방법도 있다는 사실을 깨달았으면 한다. 내가 원해서 미친 듯이 노력해보았지만, 혹여나 만족스럽지 않은 결과물을 보게 되었더라도 스스로 노력했기에 더 미련은 두지 않는다. 할 만큼 했으면 그것으로 된 것이다. 나의 아이들이 남들과 비교하여 스트레스받지 않았으면 좋겠나.

행복은 성적순이 아니고 나의 행복 기준은 내가 만드는 것이다. 최고가 아니라 최선을 다한 나는 칭찬받아 마땅하다. 나는 내 삶이 행복하다고 항상 믿고 그 믿음이 주변에 전해지길 매우 바란다. 나는 그래서 행복한 사람이다.

03

혼자만의 시간은
날 위한 시간이다

　나에게 주어진 현실은 '혼자'라는 단어는 사실 어울리지 않았다. 내가 처한 현실만을 바라보자. 가정주부, 직장인, 아이 엄마, 딸, 며느리, 아내 등…. 자신에게 주어진 많은 역할로 인해 혼자만의 시간은 행복에 겨운 이야기라고 말할 수도 있다. 나도 과거에는 나를 포기하는 것이 당연하다고 생각했다. 모두 그렇게 살아가고 있는 줄 알았으니깐.

　내가 좋아하는 것은 공포물, 판타지 장르, 매운 음식이다. 결혼 전에는 자유롭게 하고 싶은 것, 먹고 싶은 것, 누리고 싶은 것을 마음껏 누렸다. 공포영화를 너무 좋아해서 결혼 전에는 지금의 남편과 함께 보러 다녔다. 상대가 나에게 맞춰주니 남편도 좋아하는 줄 알았다. 하지만 결혼 후에는 어쩌다 보니 혼자 영화를 보러 다닐 때가 더 많았다. 알고 보니 남편은 공포물을 극도로 싫어했다. 그래서 요즘은 혼자 영화 보는 것을 즐긴다. 또한, 내가 좋아하는 판타지 영화 개봉을 기다리다 개봉작을 보는 것도 좋아했다. 내가 할 수 없고, 상상하지도 못했던 음향과 스토리, 영상미를 감상하면서 내가 그 속에 주인공이 된 것처럼 행복함을 느꼈다.

혼자 영화 보러 가는 것은 혼자 카페 가는 것처럼 이제는 당당한 나의 취미가 되었다. 그리고 대학 시절의 행복을 느끼게 해주는 음식이 있다. 매운 닭찜+ 누룽지 + 맥주 조합이 바로 그것이다. 스트레스로 찌들어 있던 나의 하루를 짜릿하게 풀어주는 행복한 음식이었다. 절친과 함께 매운 음식 투어를 다닐 때마다 비교할 수 없는 짜릿함과 행복함을 느꼈다.

결혼한 뒤 나는 모든 것이 변하게 되었다. 영화는커녕 바깥 커피숍도 눈치 보고 가야 한다. 아이들이 모두 없는 낮에 잠깐 다녀올 수 있었으며 그것조차 아이가 아프면 포기해야 했다. 매운 음식은 아이들이 클 때까지는 먹을 수조차 없었다. 나는 그렇게 좋아했던 것을 모두 내려놓고 가족과 남편에게 맞추는 삶을 살아가고 있었다.

어느 날 갑자기 나에게 책을 읽자는 권유가 들어왔다. 사실 1년 전에도 받았었다. 하지만 그때는 나 자신이 준비되어 있지 않은 상태라 거절을 했다. 똑같은 선생님에게 1년 뒤 똑같은 권유를 받았는데 두 번째 권유에서는 승낙했다. 아마 막내딸이 초등학교에 입학하고 엄마의 손이 조금씩 덜 필요해지면서부터 나만의 시간을 내는 것이 가능해진 것 같다.

내가 제일 먼저 한 일은 부엌 한구석에 나만의 공부방을 만드는 것이다. 마음 같아선 으리으리한 나만의 서재를 만들고 싶었지만, 현실은 덩그러니 비어 있는 주방의 한구석에 모양이 긴 식탁을 놓아서 '엄마의 공부방'을 만들었다. 알다시피 많은 가족이 다니는 거실 옆이라 다이소에서 산 커튼 봉에 커튼을 달아 나만의 문도 만들고 스탠드, 저렴한 노트북을 장만하여 나만의 공부방을 완성하게 되었다.

나만의 공간이 생겼다는 것은 많은 의미를 지니게 되었다. 아이들에게 온 관심과 걱정을 쏟고, 간섭하던 나는 어느새 나 자신이 더 중요하게 되었다. 아이들에게 잔소리하는 엄마 대신 항상 책상에서 공부하는 엄마, 책 읽는 엄마가 되어가고 있었다. 같이 사는 시부모님에게는 항상 늦게까지 공부하는 며느리가 되어가고 있었다. 나의 열정을 아이들이 조금이라도 느꼈는지 각자의 할 일을 찾아서 하기 시작했다.

나는 내가 경험하고 느낀 것들을 가만히 생각해보았다. 아이들이 나에게 배울 점이 많은 엄마가 되고 싶었다. 나를 우선으로 생각하고 내가 진정 행복할 수 있는 방향을 찾으니 저절로 책상에 앉아 지내는 시간도 늘었다. 아이들에게 강요와 짜증을 내며 무의미하게 보내는 시간보다 나를 위한 시간 투자를 하는 것이 더 행복하기 시작했다. 그렇게 새로운 나의 모습을 발견해가며 새로운 삶을 시작하고 있었다.

나를 위해 시간을 투자하면서 의식 성장에 관한 공부를 할 좋은 기회가 생겼다. 〈한국석세스라이프스쿨(이하 한라스)〉에서 부자로 의식 성장을 하는 방법에 대해 주 1회씩 듣기로 한 것이다.

"내가 나를 정의하지 않으면 남이 나를 정의하게 된다."

– 권동희

자기 자신의 행복에 있어서 제일 중요한 나의 행복, 나 드러내기, 나를 정의하기가 그 무엇과도 비교될 수 없이 독보적으로 내가 지향하는 목표와 딱 맞는 것이었다.

세상에 나처럼, 아니 나보다도 더 바쁘고 정신없이 사는 사람이 많이 있을 것이다. 하지만 부자의 마인드를 배우면서 나는 새로운 것을 알게 되었다.

"부자는 절대 불평하지 않고 고집부리지 않으며 짜증을 내지 않는다."

— 권동희

"부자는 절대로 허튼 시간을 보내지 않고 24시간을 48시간처럼 사용한다."

— 권동희

내가 행복해지기를 원하는 궁극적인 이유는 잘살고 싶기 때문이다. 그러기 위해서는 의식의 성장을 추구하여 스스로 자기 자신을 업그레이드하게 할 방법을 찾아야 한다. 그래서 나는 나만의 행복을 찾는 방법으로 시간을 효율적으로 쓰기로 했다. 유튜브, 넷플릭스 보는 허무한 시간을 모아 나에게 사용하기로 한 것이다. 나는 책을 쓰는 행복한 작가가 되기로 했다. 오로지 내 만족을 위해 시작한 것이다. 자연스럽게 경험을 통해 알게 된 지혜와 용기를 바탕으로 이렇게 지금의 책을 써 내려가고 있다.

누군가는 쉴 시간도 없는데 어떻게 모든 것을 하냐고 나에게 물어본다. 하지만 나는 똑같이 이야기해 줄 수 있다. 없는 시간을 만들면 된다. 나도 한때는 교대근무를 한다는 이유로 하루 12시간 이상 잠을 잤다. 그때 직장에서는 열정이 가득했지만 정작 퇴근 후에는 피로가 회복되기 전에 잠이 들었다. 그래서 나는 항상 피곤함의 연속인 하루를 보냈다. 하지만 지금의 나는 잠깐이라도 홈메이드 커피를 마시며 혼자의 시간을 보내는 동안 일과를 계획하고 체크하는 하루를 보내고 있다.

"허수아비, 양철나무꾼, 사자가 도로시를 만나 떠날 수 있었던 것처럼, 도로시가 매 순간 새로운 목적지를 찾은 것처럼. 우리도 어느 순간 나 자신을 갖게 될 것입니다."

－ 이서희, 『어쩌면 동화는 어른을 위한 것』

내가 하는 모든 행동은 누구에게 보여주기 위한 것이 아니다. 오로지 스스로 행복하기 위해 나만의 방법을 찾은 것이다. 내가 하는 것이 모든 이에게 똑같은 결과를 초래하지는 않을 수도 있다. 다만 스스로 자신에게 집중할 수 있는 그런 시간이야말로 자기 자신을 새롭게 발견하고 발전하는 데 큰 이득이 될 것이다. 나만의 행복을 만드는 것에 집중을 해보자. 때로는 나처럼 혼자만의 시간을 갖고 본인이 원하는 것을 하면서 나아가보자. 그것이 나의 행복 열쇠가 될 수 있다.

04

가끔은
일탈도 괜찮다

혹시 일탈해본 적이 있는가? 세상은 일탈이라고 하면 마치 큰 범죄인 것처럼, 절대로 하면 안 되는 것으로 여긴다. 정해진 규칙에 온전히 나아가는 것이야말로 제대로 사는 것처럼 여겨질 때가 많이 있다. 하지만 올바로 나아가는 것은 편하게 사는 것이지만, 결코 행복을 위한 길은 아니다. 오히려 두려움과 거부를 줄 뿐이다.

우리 아이들은 항상 학교가 끝나면 문구점에 뽑기를 하러 간다. 비밀이지만 나도 어렸을 적에 한동안 뽑기에 재미가 들려서 매일 문구점에 인사하러 가는 날도 허다했다. 돈이 있는 날은 당당하게 행복을 누리지만, 돈이 없는 날은 구경하는 것만으로도 재미와 큰 기쁨이 생겼다. 사실 뽑기를 뽑아서 결과를 보면 너무 허무하고 속상할 때가 더 많이 있다. 하지만 그것을 포기할 수 없었던 이유는 뽑기 전까지의 두근거림과 설렘으로 가득 찬 행복의 그 기분을 매번 느끼고 싶어서였던 것 같다. 그래서 나 역시 더욱 자주 찾아갔던 것 같다. 세월은 많이 지나갔지만, 학교 앞 문구점의 모습은 여전했다. 초등학생인 아이들은 학교 앞 문구점에 무슨 볼일이 매일 있는지 허구한 날 문구점으로 간다. 나도 엄마인지라 가지 못하게도 하고 용돈도 안 줘보았지만, 소용이 없었다. 돈이 없는 날은 구경하러 가고, 돈이 있으면 행복을 뽑으러 가는 것을 몰래 보았다. 아이들은 그렇게 뽑기를 하고 간식이나 물건을 받아온다. 엄마의 처지에서는 그 돈으로 그 물건을 사면 더 많이, 저렴하게 살 수 있을 것 같다. 하지만 아이들은 그것을 아는지 모르는지 중독 같은 그 일탈을 즐기는 중이다. 아마 내가 어렸을 적처럼 설레던 그 느낌을 만끽하기 위해 자꾸 찾는 것 같다. 사실 비밀이지만 아이들이 귀엽게 느껴진다.

어른이 되면 사실 그런 무의미한 행동은 하지 않게 된다. 아마도 행복보다는 결과와 소유를 중요하게 여기게 되어서 그런 것 같다. 사실 나도 아이들의 의도를 충분히 이해할 수 있다.

하지만 지속할수록 중독되어가는 것이 걱정되어 제지하는 것이다. 사실 일탈이라는 것은 큰 것이 아니다. 이런 소소한 것들 자체가 일상을 벗어나 나만의 행복을 쫓는 것이라고 생각을 한다. 나도 어렸을 적 현실보다는 행복을 쫓아다니던 때가 있었으니깐.

그렇게 생각해보니 어른이라고 모두 좋은 것만은 아닌 것 같다. 내가 하고 싶은 일보다 내가 해야 할 일이 더 많은 것이 현실이기 때문이다. 행복을 향해 나아가기보다는 결과를 위해 달려가는 현실과 마주하고 있기 때문이다. 거기에 반해서 하고 싶은 대로 하면서 미래를 걱정하지 않고 주어진 현실에 만족하는 그런 아이들의 생각과 삶이 훨씬 행복에 가깝게 느껴지기도 한다.

나는 그 사실을 알고 나니 아이들의 행복을 엄마라는 이유로 막을 수 없었다. 돈이 든다는 것이 좀 아쉽지만 그래도 아이들이 설레고 행복한 느낌을 받는다는 자체를 제재할 수 없다는 생각이 들었다. 좀 더 건전하게 모두 행복할 방법을 찾아보아야겠다는 생각을 하게 되었다.

행복이라는 기준은 스스로 정하는 것이다. 내가 정한 기준 이상의 목표에 도달하면 행복하다고 느끼는 것이다. 그러므로 자신의 기준을 넘어서는 행복을 만끽할 수 있도록 수시로 도전하고 의욕을 불태우는 작업과 열정이 필요한 것 같다. 나도 나 자신을 강요하고 옥죄일 때는 내가 행복한 존재임을 알지 못했다. 하지만 그 틀을 깨고 난 뒤 모든 일이 행복하게 보였고 더 이상 스스로 스트레스를 주어서 괴롭힐 필요가 없다는 생각을 하게 된 것이다. 그렇게 나는 성장하는 존재가 되고 있다.

대학교 2년 당시 간호학과를 다니던 나는 병원 실습을 위해 기숙사를 나와 병원 근처에서 자취하게 되었다. 나는 그때 대학교 동기 언니들, 친한 친구와 치킨과 맥주를 서로의 자취방에서 자주 먹던 것이 가장 기억에 남는다. 얇은 지갑으로 훌륭하고 멋진 음식은 아니지만, 함께 모여 수다를 떨고 고민을 들어주는 것만으로도 행복했다. 물론 걱정하시는 부모님께는 집에 잘 있다고 귀여운 거짓말을 했다. 하여튼 그때 우리의 주요 관심사는 얼마나 실습에서 힘이 들었는지, 또한 어려운 리포트의 무게를 한탄하는 내용이 대부분이었다. 일탈이라고 하기에도 우습지만 그런 수다를 할 수 있었기에 힘들고 지친 하루를 보상받고 서로 의지하여 기운낼 수 있었던 것 같다. 고민이나 어려움을 들어줄 수 있는 친구가 있다는 사실만으로도 큰 힘이 되던 시간이었다.

지금 생각해보면 그 열정 가득한 대학 생활을 하는 동안 함께 여행을 다녀왔으면 더 좋았을 것이라는 생각이 든다. 하지만 새로운 것에 대한 두려움이 컸던 나는 차마 실행에 옮기지 못하고 졸업을 하게 된 것이 가장 아쉬움에 남는다. 이렇듯 일탈이라는 주제는 누구에게는 커다란 의미일 수 있지만, 나에게는 소소한 것들이 주를 이룬다. 평상시에 생각지도 못했던 일, 상상하지 못했던 일을 하는 것 자체만으로도 스릴 있고 짜릿한 경험이 된다. 행복이란 존재는 내가 얼마나 많은 시도를 하고 도전을 하느냐에 따라 행복의 크기와 깊이가 정해지는 것 같다. 도전하지 않는다면 절대 모르고 지나갈 수도 있다. 하지만 시도를 함에 따라 결과와 상관없이 나는 그 자체로 열정과 행복이 넘치는 사람이 되는 것이다.

화려하고 찬란할 것 같은 대학 생활의 상상과는 다르게 흘러가는 간호 대학 생활에서 나에게 의지할 수 있는 친구들이 있는 것만으로 많은 위로를 받았다. 그들로 인해 포기하고 싶었던 대학을 무사히 마칠 수 있었던 것 같다. 비록 그들과 여행 한 번 해보지 못했고, 오래 만난 사이는 아니지만 외로운 타지 생활에 나에게 의지가 되는 친구들이었다. 현실은 힘들지만, 함께 수다 떨며 작은 행복을 찾기 위해 애쓰는 것만으로도 나에게는 큰 위로고 도전이었다.

개인마다 고통과 아픔의 강도는 다르다. 행복의 깊이 역시 느끼는 사람에 따라 정도의 차이가 크다. 나는 항상 잘살고 있다고 생각을 했지만, 현실의 행복은 우선순위가 아니었다. '미래에 잘될 것이니 오늘은 힘들어도 참자.' 그렇게 자신에게 주문을 걸며 현실을 살았던 것 같다. 지금 생각을 해보면 미련하게만 살았다는 생각이 든다. 좀 더 색다른 경험도 해보고, 후회 없이 살았으면 좀 더 다른 내가 되었을 수 있지 않을까 하는 생각이 이제야 들었다.

"할 수 없을 것 같은 일을 하라. 실패하라. 그리고 다시 도전하라. 이번에는 더 잘해보라. 넘어져 본 적이 없는 사람은 단지 위험을 감수해본 적이 없는 사람일 뿐이다. 이제 여러분 차례이다. 이 순간을 자신의 것으로 만들라."

– 오프라 윈프리

일탈할 수 있다는 것은 그만한 용기가 필요한 일이다. 내가 그 행동에 책임을 질 줄 안다는 전제하에 실행에 옮기는 것이기 때문이다. 행복과 일탈이 연관성이 없어 보이지만 자세히 생각을 해보면 나 자신의 행복을 위한 도전 자체가 뜻깊은 일이며 그 도전을 다른 단어로 표현하면 일탈이 되는 것이다. 일탈이 그래서 나쁜 단어는 아닌 것 같다. 일탈이 성공하면 도전이라는 의미로 표현하는 것처럼 나 자신에게 그리고 우리 아이들에게 많은 도전과 일탈을 권유하는 일도 좋은 방법인 것 같다는 생각이 들었다.

행복은 가만히 있으면 절대로 이루어질 수 없다. 오히려 적극적으로 나서는 아이들의 모습이 더욱 행복에 가까운 모습일 수도 있다는 생각을 하게 되었다. 스스로 자신의 행복을 찾기 위해 오늘도 열심히 자기계발을 하고 있다. 오늘은 아이들의 행동을 유심히 바라보아야겠다.

05

주변도 중요하나
나를 더욱 아끼고 사랑하자

살면서 나를 먼저 생각할 일이 얼마나 있을까? 말로는 나를 제일 먼저 생각하고 나를 아끼라고 이야기하지만 사실 쉬운 일이 아니다. 삶의 우선순위를 정할 때 나보다 내 주변을 위해 살기도 한다. 또한, 타인의 행복을 위해 내가 살기도 한다.

나는 자주 친정엄마와 영화도 보러 가고 맛집도 다닌다. 그런 시간이 나에게는 힐링이고 행복한 시간이다. 반복적인 삶에서 벗어난다는 자체로도 기쁨이다. 코로나로 인해 먼 곳은 못 가지만, 지역 근처에 있는 맛집이나 잠깐 기분 전환으로 근처 여행지를 다녀온다. 그렇게 시간을 보내면 다음 일주일이 나에게 새로운 활력이 되는 것을 느낀다.

주말이면 친정엄마와 아이들과 같이 당일치기 여행을 다녀오면서 많은 사진을 찍는다. 그 사진을 보면서 삶이 별거 없다는 생각을 한다. 아이들이 행복하고 나도 행복하다. 친정엄마도 행복하다. 그거면 된다. 그런 생각이 든다. 과거에는 나 스스로 현실에 얽매여 살면서 뒤를 돌아볼 여유가 없었다. 오로지 앞만 보고 살았으니깐. 하지만 내가 나를 아껴주고 행복할 수 있도록 여러 가지 방법을 만든다.

친정엄마와 지역 근처 호수공원과 근처 맛집을 최근에 다녀왔다. 정말로 별거 아닌 흔한 일이다. 나는 주로 이야기를 들어주는 편이다. 엄마는 나에게 그간 있었던 이야기를 재미있게 해준다. 다 큰 딸이 엄마와 친구처럼 다니는 모습을 주변에서 부러워한다. 나는 근처에 살면서 엄마와 자주 만날 수 있는 사실이 다행이라고 느껴진다. 그렇게 평범하게 하루는 지나가지만 나는 일주일의 에너지를 충전하고 또 다음을 살아간다는 생각이 든다. 매일 같은 시간을 보내지만 지치고 힘들 때는 때로 힐링을 위해 가까운 곳에 여행을 다녀오는 것도 방법이란 생각이 든다.

내 현실은 타인의 관점에서 보면 숨 쉴 수 없을 정도로 바쁜 것으로 보인다. 교대근무에 초등학생 세 아이 엄마의 입장이니 더욱 그렇게 보일 것이다. 하지만 나는 스스로에게는 자극을 주는 성격이지만 외부의 자극에는 무던한 편이다. 그래서 갑작스러운 상황에서도 스트레스받지 않고 자유롭게 잘 지낸다.

어떤 사람은 "언제 책 보고 언제 일해요?"라고 이야기를 한다. 나는 내가 주어진 일에 그렇게 많은 고민과 걱정을 하지 않는다. 걱정과 무관하게 시간과 인생은 돌아간다. 너무 인생을 심각하게 여길 필요는 없는 것 같다. 나도 30대 초반에는 엄청난 고민과 걱정을 하며 삶의 터널을 지나왔다. 하지만 지금의 내가 할 수 있는 이야기는 누구에게나 힘든 일이 있지만, 그런 일이 있는 이유는 나를 더욱 단단하게 하기 위함이라는 것이다. 그러한 경험이 지나고 나면 고민을 뒤덮을 만한 발전과 행복이 나를 기다리고 있다. 그러니 지금의 삶의 무게를 너무 어렵게 넘기지 않으면 좋겠다. 나의 현실도 도돌이표 같은 인생이지만, 이제는 나는 누군가의 자극이 감사하고 나를 더욱 발전시킬 수 있는 계기가 되었음을 알 수 있다.

누구에게 잘 보이려고 인생을 살기엔 내가 너무 안타깝다. 나도 그렇게 살아보았지만, 전혀 행복하지 않았다. 어렸을 적에는 담임 선생님, 부모님을 위해 살았다. 직장에서는 직장 동료들을 위해 살았다. 그렇게 남을 위해 삶을 살다 보니 어느새 나는 길 잃어버린 어린이처럼 구석에서 울고만 있다는 것을 느꼈다. 남을 위해 살고 있던 내 인생은 전혀 나의 것이 되지 않았으며, 잘 보이려고 한 내 행동은 잘하면 평균, 못하면 실패라는 결과를 가져왔다. 그런 삶을 살았던 나는 행복이라는 단어는 책 속에서만 나올 수 있는 그런 이야기로만 생각했다.

이제 와 돌이켜 생각해보면 나는 남을 위해서 살았지, 나를 위해서는 살지 못했던 것 같다. 이제야 나는 나를 위해 살기로 했다. 그래서 나를 위해 블로그와 인스타그램에 나를 드러내고 나에 관한 이야기도 글로 썼다. 내 생각을 카드뉴스로 만들어 보기 좋게 꾸미는 작업도 했다.

그러면서 나는 점차 나 자신의 인생으로 제자리를 찾아가는 느낌을 받게 되었다. 인생을 운운하기에는 적은 나이지만 내가 겪은 고민과 방황의 깊이를 보았을 때 나는 내가 겪었던 고민을 남들은 하지 않았으면 하는 생각이 들었다. 나와 비슷한 고민을 하는 사람들이 좀 더 나 자신을 사랑하면 좋을 것 같다. 나를 위해 사는 것은 전혀 돈이 들지 않는다. 나를 사랑하고 내가 진정 원하는 것이 무엇인지 고민하는 시간을 갖게 되면 좀 더 행복할 것으로 생각이 든다.

어렸을 적 책을 읽으며 행복해했던 시절이 있었다. 하지만 나이를 먹고 키가 커가면서 어느새 잊어버렸다. 전공 서적과 강압에 의한 책 읽기에 질려버렸다. 바쁘고 힘든 삶에 나를 뒤돌아볼 여유도 없었다. 그래서 내가 진정 행복해하는 것을 잊어버린 것이다. 하지만 내가 사는 지역에서 주최하는 독서 마라톤대회에 우연히 참가하게 되었다. 내가 읽고 싶었던 책을 주 1~2권 정도 읽으면서 나는 다시 내가 행복해했던 어린 시절의 나와 마주하게 되었다. 필요해 의한 독서가 아닌 원하는 독서를 하고 나의 내면은 부쩍 성숙해졌으며, 나를 위해 시간을 투자하고 나니 내 삶의 목적과 행복을 다시 생각해보는 시간이 되었다. 또한, 독서 마라톤대회를 완주하고 나니 집으로 시장님이 주신 상장이 왔다. 아이들에게는 대단하고 멋진 엄마가 되어 있었다. 내년에는 아이들과 같이 참가하자고 약속도 할 수 있었다. 나는 똑같이 책을 읽었을 뿐인데 자랑스러운 엄마가 되어 있었다.

내 인생이 힘들다고 투정 부리기 전에 내가 나를 아껴주고 사랑해 주는 것이 필요하다는 것을 느끼게 되었다.

파울루 코엘류의 『아처』에 보면 '저 사람이 최고야!'라고 말하는 눈부신 인물일 필요 없다. 오히려 실수를 두려워하지 않고, 그래서 때때로 실수를 저지르기도 하는 사람들이 동료가 될 수 있다."라는 말이 있다.

이 책은 궁수에 관한 이야기인 듯 보였으나 자세히 읽으면 나의 인생을 뒤돌아보게 했다. 1등을 꼭 할 필요도 없고, 잘 보여서 대표가 될 필요도 없다. 묵묵히 내 자리에서 꾸준히 하는 사람이야말로 최고로 대단한 사람이며 무엇보다도 그런 동료를 찾는 것이야말로 최고의 행운이라는 이야기이다.

나도 힘들고 고통스러워 모든 것을 내려놓고 싶었던 순간은 남에게 잘 보이기 위해 아등바등하는 삶을 살고 있을 때였다. 하지만 스스로 내려놓고 편하게 생각을 하고 난 뒤, 인생이 다르게 보이고 작은 일에도 행복을 느꼈다. 내가 원하는 삶은 바로 내가 좋아하는 책을 읽고 글을 쓰는 행위를 할 수 있는 것이었다. 그렇게 천천히 다가온 내 두 번째 삶에 글쓰기로 용기와 자극을 주고 누구나 작가가 될 수 있다고 아낌없는 응원을 주신 분이 〈한책협〉 김태광 대표코치님과 권마담(권동희) 대표님, 주이슬 코치님이셨다. 나는 그냥 글을 쓰는 것을 좋아했다. 우연한 기회로 김태광 대표 코치님의 일일 특강을 듣고 전화로 직접 상담을 받게 되었다.

평범한 내가 일반인에서 작가가 될 수 있다고, 목숨 걸고 코칭하신다는 이야기를 들었다. 180억 자산가이며, 250여 권의 책을 쓰셨고, 1,100여 명의 작가를 배출하신 분이 코칭해주신다고 하는데 이런 기회 아니면 언제 내가 책을 쓸 수 있을까 싶은 호기심과 놓치면 안 될 것만 같은 생각이 들었다. 나는 책 쓰기 과정 특허권을 가진, 김태광 대표 코치님의 열정적인 강의와 말씀을 모두 가슴에 새기면서 나를 위해 나아가기 시작했다.

내가 행복한 일을 하고 있을 뿐인데 나에게 가능성이 있다고 매 순간 격려와 응원을 아끼지 않으셨다. 나에게 충분히 책을 쓰는 작가가 될 수 있다고 말해주셨다. 그래서 나는 '작가'라는 새로운 인생에 도전하는 중이다. 필요하고 원하여 갈구하면 그 일이 나에게 이루어진다는 말을 믿는다. 그래서 나는 작가로 도전할 수 있게 되었다.

책 쓰기 강의를 들은 지 단 3주 만에 출판사와 계약을 한 뒤 세상이 다르게 보였다. 이제는 삶이 재미있어지기 시작했다. 내가 원하는 방향으로 돌아가는 것을 보면서 내 목소리를 내고 이야기를 들려줄 수 있겠다는 설렘에 잠을 이룰 수 없었다. 주변 지인들이나 가족들의 눈빛이 달라졌다. 원하는 것을 이룬 나를 자랑스럽게 여겼다. 대단하다고, 멋지다는 이야기를 해주었다.

내 사정만 보면 손이 많이 가고 해야 할 일이 많은 사람이지만 나는 내가 할 수 있고 잘할 수 있으며 좋아하는 일을 하기로 했다. 그래야 내가 행복하고 아이들에게는 대단한 엄마가 될 수 있다. 아내로서, 자녀로서도 자랑스러운 사람이 될 수 있다.

　이 책을 읽는 독자들이 자신을 사랑하고 좋아하는 것을 찾아서 실행하는 용기를 찾기 바란다. 원하는 것이 대단한 것일 수 있으나 나처럼 사소한 책 읽기나 나를 위해 시간을 투자하는 것만으로 행복할 수도 있다. 인생 100세까지 산다고 한다. 남은 많은 시간 동안 되도록 스스로 행복한 시간을 많이 보내야 먼 훗날 돌아보았을 때 흐뭇한 사람이 되어 있을 것이다.

06

타인보다 나 자신의 감정과
생각에 귀 기울이자

많은 사람이 오늘도 나를 스쳐가고 그중에 극히 일부분만이 나와 인연이 되는 사람이다. 평생 나와 인연이 되는 사람은 전 세계 약 78억 명의 사람 중에 몇백 명 정도일 것이다. 그렇게 인연은 특별하게 연결이 된다. 만나게 된 사람들에게 행복을 선물해주고 서로에게 빛이 나는 존재가 되면 좋겠다고 항상 생각한다.

나는 평소 서로 대화하는 것보다는 듣는 것을 더 좋아하는 조용한 아이다. 스스로 말을 잘하지 못한다는 생각을 했기 때문이다. 그래서 나는 필요한 이야기만 하고 그 이외에는 눈짓, 몸짓으로 표현을 한다.

학창 시절에는 나의 이러한 성향이 불편함이 없었다. 억지로 말하지 않아도 필요한 모든 것을 할 수 있었기 때문이다. 말하는 것보다 듣는 것을 좋아하고 쓰고 읽는 것을 좋아하니 선생님은 나를 성실하고, 착한 학생으로 보았는지 나를 아이들에게 참 좋게 이야기를 많이 해주셨다.

하지만 결혼하고 난 뒤 처음으로 그런 나의 성격이 장점이 아니라고 느끼게 되었다. 남편은 자신이 장모님, 장인어른에게 한 것처럼 나도 시부모님께 해주기를 바랐다. 하지만 나는 평소에도 말이 많지 않은 편이고 살갑지 못해서 어른들이 보기에는 좋게 보일 리 만무했다. 남편과는 몇 차례 대화를 해보았지만 나는 변화한다는 것이 절대 쉽지 않은 것이라는 걸 알기에 그때마다 남편의 뜻대로 해줄 수 없었다.

한편으로 생각하면 내가 살갑고 종알종알하는 며느리였으면 좀 더 화목하고 활발한 가족이 되어 있을 것 같다는 생각을 한 적이 있다. 하지만 이미 굳어버린 성격은 노력에도 쉽게 바뀌지 않았다. 어른들께 입바른 말도 잘할 줄 몰라서 예쁨도 받지 못하는 것이 사실이다. 그래도 처음과는 다르게 시간이 지나면서 이런 무뚝뚝한 며느리도 이해를 해주시는 것 같았다. 한결같은 며느리의 태도에 포기 반 인정 반인 것 같다.

나는 변화를 하는 것이 맞는지 중간에 많은 고민을 했다. 남편이 부탁

하는 것이라 진지하게 생각을 해야 했기 때문이다. 하지만 아무리 자신에게 물어보아도 성격을 뜯어고치지 않는 이상은 불가능했다. 나는 나만의 스타일이 있고 내 성향이 있기에 바꾼다고 쉽게 바뀔 수 없는 것이었다.

결혼 약 14년 차 정도 되니 나도 전보다는 편해져서 어색함은 사라졌으나 살갑게는 아직도 쉽지 않다. 그래도 시부모님은 나에게 아무런 강요 없이 나를 있는 그대로 바라보아주셔서 정말로 다행이라는 생각이 든다.

때로는 나 자신의 성향을 버리고 다른 사람이 되어보려고도 했으나 나는 그러지 못했다. 진정 원하는 것은 나를 있는 그대로 바라봐 주는 것이었던 것 같다. 한순간 내가 변화를 했다면 아마 오래 버티지 못하고 바로 포기했을 것이다. 하지만 내가 지금까지도 한마음으로 잘 지내고 있을 수 있는 이유는 아마도 나를 있는 그대로 지켜봐주는 가족들이 있기 때문인 것 같다.

성격이 사람이 성장하는 데 많은 영향을 미치나 사람의 본질은 변화할 수 없는 것 같다. 나만의 행복을 찾기 위해 매일 애쓰고 있을 때도 나는 내 마음의 소리에 귀를 기울이게 되었다. 주변의 소리에 연연하지 않고 오로지 내가 원하는 것을 알아가기 위해 나는 나만의 소리에 집중하게 된 것이다.

나는 최근 원성원 감정 상담연구소의 〈셀프 감정 코칭〉 수업을 받게 되었다. 이 수업은 내 감정의 소리에 귀를 기울여 무엇에도 흔들리지 않고 나답게 살아가는 방법을 배우는 시간이다. 수업을 듣기 전에 질문을 받았다.

"내가 벗어나고 싶은 감정이 무엇인가요?"

결코 어려운 질문은 아니었으나 한 번도 생각해보지 못했다. 내 감정을 당연하게 생각했지, 좋고 싫음을 판단해보지 않았기 때문이다.

수업을 듣고 많은 대화를 하면서 나를 들여다보고 나에게서 자주 튀어나오는 감정의 단어를 살펴보니 '답답한'이라는 단어였다. 나는 절대로 답답하지 않다고 무슨 소리냐고 그렇게 생각을 했다. 그러나 그 단어를 타인에게서 듣는 순간 머릿속에서 '쾅' 하는 소리가 들리는 것 같았다. 내 마음을 들킨 느낌이었다.

남의 감정을 헤아리고 남을 신경 쓰다 보니 정작 나에 대한 감정은 한 번도 생각하지 못한 것 같았다. 내 위치로 인해 완벽해야 하고 빈틈을 보여서는 안 되며 잘해야 한다는 그 압박을 내려놓지 못한 나의 감정을 들킨 것이다.

나는 정말로 심장이 멈추는 것처럼 답답함을 느꼈다. 말로는 타인의 생각과 마음을 느끼라고 하지만 정작 본인을 다스리지 못한 창피함과 한심함이 같이 느껴지면서 스스로 자신을 반성하게 되었다.

감정 코칭을 받으면서 나의 마음을 들여다보는 방법을 알 수 있었다. 한 번에 나의 마음을 온전히 헤아리기는 힘들지만 매일 하루 한 번이라도 스스로 자신에게 어떠냐고 물어보아야겠다고 생각을 했다.

나는 항상 나를 위해 살고 내 행복을 위해서 노력하고 있다고 이야기하지만, 나의 감정이 무슨 말을 하고 있는지 이번 기회에 처음 들어보고 다시 느끼게 되었다. 이번 경험을 통해서 진정으로 나의 마음이 무엇이고 내가 무슨 기분을 느끼고 살고 있는지 다시 생각해보았다.

행복해지고 싶다고 항상 이야기한다. 그러나 정작 내 마음이 무슨 생각을 하는지 모를 때가 많이 있다. 하지만 나의 행복을 위해 나아가기로 한 이상 타인에게 휘둘리지 않고 스스로 자신의 행복을 위해 나아가는 것도 중요한 시작이 될 것 같다.

"두려움은 당신을 포로로 묶어놓지만, 희망은 당신을 자유롭게 한다."
– 영화 〈쇼생크 탈출〉

영화에서 주인공은 종신형을 받아 감옥에 갇혀 있는 상태다. 그런 무자비한 현실에서 희망을 잃지 않으려고 애쓰는 그 모습에 많은 생각을 하게 되었다. 이처럼 스스로 자신의 감정이 삶의 무기가 되기도 하고 목표가 되기도 한다.

스스로 자신에게 때로는 강하게 밀고 나갈 용기가 필요할 때이다. 이제껏 남을 위해 배려하고 존중하는 것에 초점을 맞추었다면 이제는 나를 위해 살아보자. 내가 원하고 이루고 싶은 생각과 감정을 알아보고 진정으로 스스로 원하는 삶을 살아보자. 그렇게 한 걸음씩 자신의 감정에 귀를 기울이다 보면 언젠가 변화한 자신의 모습을 기대할 수 있을 것이다.

07

남이 아닌
내 기준에 맞추자

어렸을 적에는 모두 같은 대답을 해야 하고, 정답은 한 가지뿐이라고 배웠다. 세상의 정형화된 틀에 맞추어 학창 시절을 보냈다. 똑같은 교복에, 정규 교육까지 모두 세상이 정한 기준에 맞추어 삶이 굴러가고 있었다. 나는 세상 모든 사람이 이렇게 지내는 줄 알았다. 그러나 이런 구속은 통제하기는 쉽지만, 개성이 사라져 나의 자율성이 상실되는 단점이 서서히 드러나고 있었다.

나의 과거를 보면 절친이 손가락에 꼽을 정도로 거의 없었다. 말수 적고 소심하고 키도 작았던 나는 인기 많고 말 잘하는 친구가 너무 부러웠다. 말을 잘하면 모든 이들에게 주목을 받는 모습을 보면서 나도 어떻게 하면 저렇게 말을 잘할 수 있을까 하는 생각을 오랫동안 했다.

잠을 자기 전에 예행연습을 한 적이 있었다. 내일 친구를 만나면 무슨 이야기 할까? 어떻게 반응을 해야 할까? 다음 이야기는 무엇을 하면 좋아할까? 그렇게 머릿속으로 열심히 준비하고 학교에 가게 되었다. 하지만 학교에 가면 내 예상과는 다르게 흘러가는 하루를 보내며 계획대로 말을 할 수도 없었고, 입이 얼어버려서 기껏 준비한 것들을 한 가지도 실천해보지 못하고 실패만을 안고 집에 돌아왔다.

나와 비슷한 고민을 한 책도 읽어보았다. '말 잘하는 법', '대화를 이끄는 법' 등등. 책을 읽으면서 어떻게 하면 내가 변화할 수 있을지 고민도 해보았다. 하지만 책과 현실은 달랐다. 참고는 할 수 있겠지만 내게 적용할 수는 없었다. 그래서 이 방법 또한 나에게 실패를 안겨주었다.

다음 방법으로는 친구에게 고민 상담을 해보았다. 친구에게 내 비밀을 털어놓고 조언을 구했으나 어느 순간 수다로 이어져 결국을 정답을 얻지 못하고 흐지부지 끝이 났다.

나는 활발하게 변해보려고 무척 애를 썼다. 성격이 변하면 인기도 많아지고 친구도 많아질 수 있을 것이라는 기대를 한 것이다. 하지만 몇 년 간의 노력에도 나의 바람은 단 한 가지도 이루어지지 않았다. 아니 이룰 수가 없었다고 이야기를 하는 것이 더 맞는 것 같다.

변하려고 하는 자신은 '나'가 아니었다. 남을 따라 한 '인형'에 불과한 것이라는 것을 늦게야 알게 되었다. 어느 순간 남과 비교하는 나를 바라보았다. 그래서 상대적 박탈감을 느끼면서 결국엔 좌절로 이어졌다. 그렇게 수많은 나날을 보내며 많은 생각을 하게 되었다.

남과 비교해서는 절대로 내가 될 수 없다. 내 인생의 주체는 나이며 외모와 말발, 성격으로 인기 유무를 판별하는 자체가 비이성적이라는 것도 알 수 있었다. 나는 나일 뿐이고 내 그대로를 좋아하고 인정해주는 소수의 지인과 친구들이야말로 진정한 인맥이라는 것도 뒤늦게 알게 되었다. 그렇게 되니 내 주위에 남아 있는 친구들이 더욱 소중해 보였다. 성격을 바꿔서 인기를 얻어보겠다는 생각 자체가 잘못되었다는 것을 늦게야 깨달은 것이다. 만일 성격이 바뀐다 해도 나는 그대로의 나였을 것이다.

그 이후 나는 친구가 적을 때도 숫자에 연연하지 않기로 했다. 숫자를 따지지 말고 한 명의 친구라도 나를 아껴주는 소중한 사람이 곁에 있으면 그것으로 성공한 삶이라는 것을 깨달은 것이다. 변해보려고 노력했지만, 불안과 좌절만을 경험했던 과거와는 달리 생각을 바꾼 뒤로 나 그대로 행복한 사람이라는 것을 깨달을 수 있었다. 내가 행복한 사람인지, 불행한 사람인지는 생각 한 끗 차이라는 것을 알게 되었다. 그래서 나는 스스로 자랑스러운 존재가 되기로 했다.

책을 쓰는 이 순간이 나는 너무 행복하다. 내 꿈인 간호사가 되고 난 뒤 힘든 슬럼프까지 극복한 나는 이 직업이 나에게 천직이라 생각했다. 간호사로서 오랫동안 행복하게 일하며 남을 도우면서 살 것으로 생각했다. 바로 6개월 전까지는 그렇게 생각한 것이다. 하지만 '작가'가 되기로 하고 "나의 인생은 책 쓰기 전과 후로 나뉜다."라는 김태광 대표 코치님의 말을 듣고 난 뒤, 나는 나만의 제2 인생을 써 내려가고 있다.

처음에는 나의 글을 쓴다는 것이 너무 어색하고 힘들었다. 하루에 한 장의 글을 써 내려가는 것 자체도 쉬운 일이 아니었다. 그래서 참고할 만한 책이나 유튜브, 강의 등 나름 연구를 했다. 하지만 나에게 도움은 되지 못하고 좌절과 비교만 될 뿐이었다.

완벽하게 책을 쓰고 싶은 욕심에 눈이 멀었다. 그렇게 되니 책상에 앉아서 한 줄도 못 쓰고 울고 잠이 든 적도 여러 차례 있었다. 너무 막막할 때 조언을 구하면 대표 코치님은 잘하려고 하지 말고 있는 그대로를 쓰면 된다고 알려주셨다. 나에게 든든한 믿을 수 있는 뒷배경이 있다는 생각을 하니, 두렵지 않고 잘할 수 있겠다는 용기가 생겼다. 나는 완벽해야 한다는 부담감을 내려놓고, 있는 그대로를 쓰기 시작했다. 쓰다 보니 불안했던 내 삶에 안정을 찾게 되고 책 쓰는 시간이 잠자는 시간보다 행복해지기 시작했다. 요령을 알고 난 뒤 더 두렵지 않고 오히려 편안해졌다. 눈길이 가는 모든 것이 이제는 글의 소재가 되는 것을 느꼈다. 그렇게 나는 작가로 의식이 변화하는 것을 느꼈다.

내 생각을 쓰고 공유를 한다는 그 자체를 즐기던 독자의 처지에서 이제는 내 생각을 책으로 펴내는 작가의 입장으로 변화하게 됨을 느꼈다. 과거의 나에게는 책이라는 존재가 지식, 안식처, 휴식이었다면 지금은 새로운 이름, 도전, 행복이 되었다. 그렇게 책이 나에게 주는 설렘이 더욱 나를 성장하게 하고 있다.

책을 쓰면서 나의 과거를 돌아보니 어렵고 힘들었던 일도 물론 있었지만, 지나고 보니 내 삶이 행복한 것이었음을 알게 되었다. 시련과 좌절, 고통조차도 나에게는 가치가 있는 경험이었고 행복의 징검다리였음을 깨달은 것이다. 그렇게 내 생각을 전해주고 싶다는 마음으로 책을 쓰기 시작했다. 책 쓰기를 하면서 내 인생을 더욱 사랑할 수 있어서 너무 뿌듯하다.

"인생은 될 대로 되는 것이 아니라, 생각대로 되는 것이다. 자신이 어떤 마음을 먹었느냐에 따라 모든 것이 결정된다. 사람은 생각하는 대로 산다. 생각하지 않고 살아가면 살아가는 대로 생각한다."

– 조엘 오스틴,『긍정의 힘』

사람은 생각하는 동물이고, 배우며 성장하는 동물이다. 처음부터 잘하는 사람은 없고 모든 이가 시행착오를 통해 배우고 성장을 한다. 나도 어렸을 때 남과 비교하며 자신을 보잘것없는 사람이라 여기는 비관적인 사람이었다. 나만 불행한 사람인 줄 알았다. 하지만 지금 생각해보면 모든 것은 내 머릿속의 착각이었음을 알 수 있었다. 모든 고민은 내가 만들어 낸 것이고 누구도 그렇게 생각한 사람이 없었다.

지나고 보니 나는 행복한 사람이라는 것을 알 수 있었다. 남의 기준에 나를 맞추지 말고 오로지 나의 기준에 스스로 자기 자신을 맞추는 습관을 들이자. 누구도 나 대신 살아줄 수 없으므로 나만의 기준에 따라 이유 없이 그냥 행복하면 되는 것이다.

＊

4장

가장 행복한 사람들의
행복 습관 8가지

01

후회할 것 같은 일은
거절하자

2019년도 11월에 시작된 코로나 팬데믹이 이제 3년 차가 되어간다. 나의 세 자녀는 모두 초등학생이다. 이맘때쯤이면 한창 경험과 호기심을 충족시켜주어야 할 나이다. 코로나 이전 같으면 놀이터에서 뛰어놀고 친구들과 자유롭게 놀았을 것이다. 하지만 유행성 질환으로 인해 밖에서 뛰어놀 수 없다. 마스크를 쓰지 않고는 밖으로 나갈 수도 없으며, 되도록 집에만 있고 스마트폰, 컴퓨터 하는 시간이 길어졌다.

우리 아이들은 목욕탕, 수영장, 놀이공원 등에 가고 싶다고 엄마·아빠에게 말하곤 한다. 아이들의 입장에서 보면 3년 전에 여행을 다녀온

뒤로는 한 번도 가지 못해, 여행에 관한 기억은 뇌리에 거의 남아 있지 않다는 것이 맞는 말인 것 같다. 어른들은 과거의 기억이 있으니 언젠간 끝날 펜데믹을 기다리면 된다. 하지만 아이들은 거의 기억에 남아 있지 않은 행복이 그리워지는 것이다. 새로운 여행과 그 행복에 관련된 욕구는 절대로 부모가 대신 충족해줄 수 없는 부분이다.

하지만 나라에서 통행 제한을 하고 마음껏 움직일 수 없는 상황에서 여행은 불가능하게 되었다. 순간적으로 코로나의 유행이 주춤했을 때가 있었다. 근처에 1박 2일이라도 다녀오려고 마음을 먹고 펜션 예약도 했었다. 하지만 1%, 혹시나 나로 인해 안 좋은 일이 생겨 피해가 생길 우려를 생각하니 진행할 수 없었다.

그래서 올해에만 펜션을 두 차례나 예약했던 것을 취소하고 환불받았다. 가고 싶다는 아이들에게 눈물을 머금고 이해를 시켜야 했다. 속상해하는 아이들을 보니 아이들이 무슨 죄가 있다고 이렇게까지 해야 하는지 정말로 답답하기도 했다. 나조차도 황금 같은 연휴를 집에서만 보내면서 몇 차례나 동요되는 마음을 다잡았다. 나만 눈 감으면 모른 척해도 되겠지 싶은 마음도 있었지만 차마 거짓말로 아이들을 가르칠 수 없었고 나 스스로가 허락이 안 되는 순간들이었다. 우리가족이 행복하자고 같이 고생하는 많은 사람을 힘들게 할 수는 없기 때문이다. 어른들은 언젠가는 끝날 상황을 기다리는 중이지만 한창 자라는 아이들은 지금 경험하고 도전해야 할 상황임에도 그를 충족해주지 못하는 나의 마음이 너무 안타까울 따름이다.

아이가 원하는 것을 모두 해주고 싶지만 그럴 수 없는 안타까운 엄마의 마음은 누구나 똑같을 것이다. 하지만 법과 규칙 앞에 나를 비롯한 많은 사람이 같은 고민으로 비슷한 경험으로 참고 있으리라 생각을 한다.

"중요한 것은 말하는 것이나 희망하는 것, 바라는 것이나 의도하는 것이 아니라 행동하는 것이다. 당신의 선택이 실질적으로 당신이 어떠한 사람인지를 분명히 말해준다."

— 브라이언 트레이시

항상 모든 일에는 선택이 따른다. 미래의 좋고 나쁨이 내 손에 달려 있는 것이다. 매번 좋은 일만 있으면 좋겠지만 이처럼 안타까운 선택을 할 때도 있다. 만일 나만을 위한 선택을 했다면 매일 불안하고 걱정스러워 후회하는 매일을 살고 있을 것 같다. 하지만 나는 아이들에게 사과하고 힘듦을 감수하면서 안전한 쪽을 택한 것이다. 그렇게 선택은 매 순간 찾아온다. 그 선택의 결과에 내가 행복하길 바라는 마음이 항상 있다. 나는 우리 가족과 나와 연관된 모든 사람이 행복하고 편안하기를 바라는 마음에 그런 선택을 한 것이다. 언젠간 마음 편히 후회 없이 여행을 가는 날이 빨리 오면 좋을 것 같다.

아이들의 올바른 성장을 위해, 여러 종류의 행복을 보여주고 싶고 느끼게 해주고 싶은 부모의 마음은 누구든지 똑같을 것 같다. 행복의 방법과 이유는 여러 가지이지만 모든 아이가 원하는 것을 하면서 자신이 한 선택으로 앞을 향해 나아가는 그런 평범한 삶이 다시 찾아오길 아이들의 엄마로서 간절하게 바란다.

나는 신규 간호사 때 응급실에 자원했다. 다른 이들은 무서워서 어떻게 일하느냐고 나에게 물었다. 하지만 실습 때 내가 느낀 응급실이란 바쁘고 정신없지만, 나의 도움으로 환자가 치료되는 것을 보면서 진심으로 뿌듯함과 행복함을 느낄 수 있는 곳이었다. 그래서 나는 자원하여 응급실 간호사가 된 것이다.

응급실은 분초를 다투는 위급한 상황이 많이 펼쳐진다. 하루에도 몇 번씩 상상도 못 할 일이 발생한다. 나는 신규 간호사였으므로 누구보다 빨리 열심히 뛰어다녀야 했다. 명절이나 연휴, 휴일에는 미친 듯이 뛰어다니기도 해서 땀이 뻘뻘 흘렸다. 내 흐르는 땀과 팔다리 통증이 늘어갈수록 환자들은 치료를 받아 안정되어갔다. 나는 응급실에 내원한 사람들을 보살피며 내가 간호사로서 일하길 참 잘했다고 생각했다.

나는 그렇게 원하던 응급실에서 마음처럼 오래 일하지 못했다. 결혼, 출산으로 인해 약 3년 정도 일한 뒤 병원을 쉬게 되었다. 매번 다시 돌아오고 싶은 마음은 굴뚝같았다. 그러나 나의 현실은 육아로 인해 쉽게 돌아올 수 없었다. 그래서 약 2년 가까이 가정주부로 살아가게 되었다.

이후 내가 간호사로 돌아왔을 때 다시 응급실로 일하러 가겠냐는 권유를 받았다. 마음으로는 당장이라도 원래 자리로 돌아가고 싶었다. 하지만 그때의 열정과 패기로 똑같이 일할 수 있을까 하는 의문이 들었다. 그래서 많은 고민 끝에 거절하게 된 것이다. 그렇게 나는 일반 병동 간호사가 되었다.

일반 병동 간호사도 많은 매력이 있다. 단시간에 치료가 끝나는 응급실과 달리 병동 간호사는 환자가 완전히 치유되어 좋아져 나가는 모습을 본다. 그때 나는 간호사로서 긍지와 자부심이 느껴진다. 무엇보다도 현장은 일손이 많이 필요한 곳이므로 어느 곳 하나 대충 일할 수 없다. 맡은 자리에서 나는 항상 최선을 다했다.

나를 아는 주변 사람들은 나에게 "응급실에서 일했을 때가 제일 활기차고 행복해 보였어."라고 한다. 나에게 왜 다시 안 가냐고 많이 물어본다. 나도 수차례 고민했다. 하지만 내가 다시 가서 그때의 열정 그대로 일을 할 수 있을지, 몸도 마음도 따라줄지 그게 확신이 서지 않았다. 주춤하는 사이 나는 현실의 나를 인정하고 있는 것이었다. 하지만 현실에 인주하는 것이 인생을 포기하는 것과 다른 것임을 나는 알고 있었다. 그래서 새로운 자리에서도 나는 잘할 수 있으리라는 생각이 든 것이다. 내가 응급실에서 잘했던 만큼 다른 곳에서도 분명 제 몫을 해낼 수 있다는 것을 스스로 알고 있었다.

지금은 응급실에서의 경력보다 병동 경력이 더 길어졌다. 그러는 사이 나는 이 자리에서도 내 소신껏 일할 수 있는 만큼 능력도 지위도 올라갔다. 이제는 나 자신을 병동에서도 꼭 필요한 존재로 만들어가는 중이다.

나는 내가 나중에 후회할 것 같은 것은, 비록 좋은 자리와 좋은 기회여도 거절했다. 그게 내가 편하고 행복한 길이라고 생각했기에 그렇게 결정한 것이다.

행복도 이와 마찬가지이다. 부득이하게 나의 선택 때문에 변화하게 된 삶이라도 그 선택은 내가 결정한 것으로 그에 대한 책임을 져야 한다. 피하지 말고 최선을 다해야 한다. 결정에 대한 대가가 있고 그에 따른 행복이 꼭 있는 것을 나는 너무나도 잘 알고 있다.

　나는 많은 사람이 후회할 것 같은 일은 선택하지 않았으면 좋겠다. 다른 사람의 눈치로 인해 억지로 결정을 내리는 불상사를 겪지 않았으면 좋겠다. 제일 먼저 나를 위해 그리고 내 가족을 위한 선택을 하기 바란다. 그래서 많은 사람이 보기에 좋은 사람보다 나 스스로 행복한 사람이 되기를 바란다.

　"가치 있는 목표를 향한 움직임을 개시하는 순간 당신의 성공은 시작된다."

– 찰스 칼슨

02

사소한 것에
목숨 걸 필요 없다

나는 매일 완벽하기 위해 모든 것에 신경을 쓰면서 자신을 피곤하게 만들었다. 남에게 좋은 이야기만 듣고 싶은 욕심에 지나치게 자신을 스스로 괴롭혔다. 모두 하지 못하는 것을 알면서도 부탁도 무조건 들어주겠다고 했다.

하지만 그렇게 나를 채찍질하고 피곤하게 하면 할수록 성과는 나오지 않고 나 자신을 지치게 만드는 결과를 초래했다.

왜 그렇게 피곤하게 살았을까?

과연 나는 어떤 내 모습이 되고 싶었을까?

어렸을 적 나는 미술과는 정말 거리가 멀었다. 초등학생 때 상상화 그리는 시간을 제일 두려워했다. 4학년 때인가? 학교에서 우주와 관련된 상상화를 그리는 시간이 있었다. 아직도 생생하게 그날을 기억한다. 하얀 도화지에 아무것도 그릴 수 없었다. 어린 마음에 무엇을 그려야 할지 정말로 몰라서 미칠 노릇이었다. 친구들은 너무나 자연스럽게 쓱쓱 그리고 한 시간 만에 끝냈다. 하지만 나는 밑그림조차 그리지 못하여 결국 쉬는 시간이 되자 울어버렸다.

선생님이 나를 불러서 왜 우느냐고 물었다. 나는 무엇을 그릴지 모르겠다고 설명했다. 생각나는 대로 자유롭게 그리면 된다고 이야기를 해주셨다. 그리고 집에서 해오라고 달래주셨다. 그날 집에서 온종일 그림 생각을 했던 것 같다. 내가 본 적이 없는데 알지도 못하고 상상도 안 되는데 도대체 뭘 어떻게 그리라는 것인지 어린 마음에 이해가 안 되었다. 밑그림도 그리지 못한 채 저녁이 되어 엄마가 물었다.

"왜 그러고 있어?"

나는 엄마에게 그날 있었던 일을 털어놓으면서 다시 대성통곡을 하면서 울었다. 정말로 잘하고 싶고 남들처럼 쓱쓱 그려서 바로 제출해서 설명하고 싶지만, 도저히 머릿속에 떠오르지 않아서 그림을 못 그렸다고 이야기를 하면서 서러워서 울었다. 울면서 엄마에게 그랬다.

"엄마가 미술학원 안 보내줘서 내가 그림을 못 그리잖아!"

엄마는 아마 딸아이의 억지에 당황했을 것 같다. 미술학원에 다닌다고 해결되는 문제가 아니었다. 상상력은 내 마음에서 생각나는 그림을 그려야 되는 것이다. 그러나 무슨 이유에서인지 내 마음에서 상상을 막은 것 같았다. 사실 지금 생각해보면 책을 많이 읽고 내 생각을 많이 펼치는 연습이 필요했던 것 같다. 선생님이 그림을 잘 그리는 것을 나에게 바라지 않았으리라. 자연스럽게 본인의 생각을 펼치기를 바라고 시작한 시간인데 고지식했던 나는 출제자의 의도를 파악하지 못한 채 어린 마음에 평생 충격과 상처를 받게 되었다.

살짝 이야기하자면 결국 그림을 못 그린 나는 엄마에게 충동적으로 짜증을 내었다. 엄마는 대신해서라도 해결해주고 싶은 마음에 어떻게 그리면 된다고 이야기를 해주었으나 나는 이미 내 귀를 닫았다. 울고만 있고 짜증만 내지 소통은 전혀 하지 않았다. 그래서 결국 우주와 관련된 책을 찾아보고 거기에 나온 사진을 참조하여 그림을 그렸다. 그렇게 나는 꼴

찌로 숙제를 제출하는 경험을 한 것이다.

지금 생각해보면 사실 아무것도 아닌 일이고, 그 당시 내가 누구의 말도 들으려 하지 않았기 때문에 벌어진 일이었다. 그때의 어린 자존심에 커다랗게 상처가 남게 되었다. 내 성격과도 관련이 있는 것이지만, 모든 것을 너무 심각하게 바라보고 혼자서 완벽하게 하려는 성향이 나를 더욱 괴롭히고 있었다. 내 문제를 스스로 극복을 해야 하지만 쉽게 놓지 못하여 단순히 그림 한 장으로 자괴감에 빠지는 결과를 초래했다. 나는 그 충격이 아직도 생생하다. 좀 더 내려놓고 대화로 풀고 동화되는 것에 두려움이 없었더라면 좀 더 일찍 마음이 열렸을 것 같다.

자라서 고등학생이 되었다. 나는 그때 유행하던 전자사전을 너무 갖고 싶었다. 지금처럼 핸드폰이 자유롭게 인터넷이 되지 않던 시절이어서 공부를 할 때 두꺼운 영어사전을 보아야 했다. 나는 또 고집이 시작되었다. 마음 한쪽으로는 전자사전을 산다 해도 엄청나게 활용을 잘하지는 않을 것 같다는 것을 살짝 알고 있었다. 그래도 나는 사고 싶었다. 아니, 사야만 했다.

그래서 엄마에게 전자사전을 갖고 싶다고 조르기 시작했다. 필요하다고, 공부 열심히 한다고 계속 이야기를 했다. 엄마는 네 욕심으로 그것을 사기에 부담이 된다고 하셨지만 나는 고집을 부렸다. 꼭 있어야만 영어 공부를 할 수 있을 것 같은 생각이 들었다. 그래서 아마 몇 달간은 엄마에게 졸랐던 것으로 생각이 든다.

엄마는 전부터 나에게 단련되어 내 성향을 아셨는지 끝까지 안 된다고 하셨다. 그래서 결국 명절 때 친척 어른에게 고등학교 입학 선물로 전자사전을 받았다. 드디어 목표를 이루었다는 생각에 너무 행복했다. 이제 영어 시험 1등을 할 수 있을 것만 같았다. 이전의 점수는 전자사전이 없어서 점수가 만족스럽지 못했던 것이라는 생각이 들 정도였다.

나는 얼마나 전자사전을 활용했을까? 아마 보여주기식의 자랑을 할 때 더 많이 열어본 듯하다. 지금 생각을 해보면 내게 과연 필요했을까 하는 생각도 들면서 왜 그렇게 고집을 부렸을까 하는 생각도 든다. 내 생각만큼 전자사전이 공부에 필요하지 않았다. 그 생각과 열정을 차라리 다른 곳에 쏟았다면 더욱 빠르고 올바르게 성장할 수 있었을 것 같다. 하지만 나는 특유의 고집으로 결국은 내가 원하는 것을 이루어냈다.

내가 여러 번의 고집으로 인해 이루어낸 결과는 크고 작게 많이 있었다. 그러나 그 물질적인 행복은 그다지 오래가지 않는다는 것을 알게 되었다. 나는 원하는 것을 이루어야 만족을 느끼고 행복할 것이라는 착각에 빠져서 꼭 있어야 하는 것으로 고정이 되어버린 생각이 문제였다.

하지만 정작 얻고 나면 그 이후에 허탈감이 오면서 잠시의 행복감 뒤에는 바뀌지 않는 현실에 직면하면서 자괴감에 빠지게 되었다.

전자사전을 갖게 되면, 미술학원을 보내주면 내가 완벽하리라 생각을 했던 것이 착각이었고 고집이었다는 것을 시간이 지나고 어른이 돼서야 알게 되었다. 주변에서 많은 걱정을 해주고 내 생각을 고쳐주려고 했으나 그게 쉽지 않고 나는 누구의 말도 들으려 하지 않은 고집불통의 어린아이였다.

지금 생각해보면 그렇게 사소한 것에 목숨 걸 필요가 없었다는 생각이 든다. 물 흐르듯 흘러가면 필요한 것과 해야 할 것이 떠올랐을 것 같다. 내가 고집을 부리고 떼를 쓰면서 더욱 부모님을 힘들게 했고 스스로에게도 안 좋은 기억으로 남는 불상사를 얻게 된 것이다.

세상을 살면서 내가 모든 것을 완벽하게 하지 않아도 시간은 흘러가고 세상은 바뀌고 있음을 알게 되었다. 꼭 내가 참여하지 않아도 그 누가 잔소리하는 사람도 없다. 그러니 좀 내려놓고 편하게 생각하는 방법을 배워야겠다는 생각을 했다.

스스로 자극과 스트레스를 주어서 피곤하게 살고 있지는 않은지 다시 한번 생각을 해보자. 나에게 정말로 필요하지 않고, 내 욕심, 내 이기심으로 요구하고 있다면, 이제는 한 번쯤 눈감아 모른 척하고 지나치는 용기가 필요할 때이다. 모든 것이 내 손을 거쳐야만 해결되지는 않는다. 이제는 때로는 사소한 것은 모른 척하며 넘어가는 용기도 필요하다. 그렇게 나에게 주어진 억압을 놓아주면서 스스로 행복함을 찾는 연습을 시작해보자.

"남에게 훌륭하다는 칭찬을 받기 위해서 살지 말라. 자기가 자신을 훌륭하다고 생각할 수 있게 살아라. 남이 그대의 흉을 보는 것을 두려워하는 것은 허영에 지나지 않는다."

– 류시 마로리

03

매일 착한 일을
하나씩 해보자

세상에 많은 사람은 각자의 개성과 장점을 가지고 태어난다. 그 장점을 어떻게 발휘해서 얼마나 큰 빛을 낼 수 있는지는 본인이 하기 나름이다. 많은 업적을 통해 나의 기록으로 완성할지 매일 나에게 물어보고 하루에 한 가지라도 나에게, 그리고 삶에 의미가 되는 일을 해야 한다.

나는 앞에서 이야기했듯 고등학교 졸업 후부터 주기적으로 헌혈했다. 티 나지 않게 착한 일을 하고 싶었다. 그래서 시간을 내어 선행을 시작했고 나에게는 자랑스럽고 뿌듯한 업적이 되었다. 나는 헌혈을 할 수 있는 몸 상태가 유지됨에 많은 자부심을 느꼈고 다행이라는 생각이 들었다.

내가 헌혈을 지속할 수 있게 된 계기는 간호사 일을 하면서 수혈을 받아야 하는 경우가 빈번하게 발생하는 것을 보았기 때문이다. 의외로 환자 중에 헤모글로빈이 낮아서 수혈이 꼭 필요한 사람이 많음을 알 수 있었다. 그래서 나는 직업의식과 함께 헌혈에 더욱 진심이었던 것 같다.

나는 헌혈을 하면서 주변 홍보 포스터에서 '조혈모세포 기증'에 대한 홍보를 보았다. 드라마에 많이 나왔던 백혈병 환자들이 치료를 위해 애타게 기다린다는 것이 바로 '조혈모세포', '골수 이식'이다. 백혈병 환자들이 치료를 거의 유일하게 할 방법이 바로 골수 이식이다. 하지만 본인에게 맞는 골수를 찾기 힘들 뿐 아니라 환자에게 주어진 시간이 한정되어 있기 때문에 더욱 건강한 젊은 남녀의 조혈모세포 기증 등록이 많이 필요한 것 같다. 나의 주변 사람들은 그렇게 헌혈도 많이 하면서 아직도 할 것이 남았냐고 묻는다. 하지만 나는 건강한 몸을 갖고 있음에 자부심을 느끼고 내가 베풀 수 있는 최선의 행동이라고 생각했다. 그래서 2017년에 조혈모세포 등록을 하게 된 것이다.

조혈모세포를 등록한다고 해서 모두 연락이 오는 것은 아니다. 10년 혹은 20년 만에 연락이 올 수도 있고, 아예 연락이 안 올 수도 있다고 한다. 그만큼이나 본인에게 맞는 골수를 찾기 희박한 것이 사실이다. 그래서 나는 그 일에 조금이나마 나의 힘을 보태고 싶어서 결심하게 되었다.

나는 지금도 자랑스럽게 가족들에게 이야기한다. 내가 할 수 있는 최소한의 선행을 하고 있다고. 세상이 좀 더 밝고 행복하면 좋겠다고. 그리고 아이들이 보았을 때 부모는 멋진 사람이라고 느낄 수 있었으면 하는 생각과 아이들이 닮고 싶을 만한 부모가 되고 싶다고.

책을 쓰면서 어쩔 수 없이 이러한 사실을 드러냈지만 실은, 너무 소소한 것들이라 밖으로 내놓고 자랑할 거리조차도 되지 않는다. 그래도 나는 나만의 뿌듯함을 가지고 있기에 마음 한쪽에는 항상 따뜻함이 자리 잡고 있다. 그렇게 나를 위한 위로와 행복은 거창하고 요란한 시작이 필요하지 않다.

나도 '처음'이라는 단어가 있었고, '시작'이라는 단어도 있었다. 하지만 누구에게 보여줄 필요 없이 오직 나를 위한 선행을 하나씩 저축을 하는 셈 치고 시작해보는 것도 좋은 방법인 것 같다.

나는 평범하게 자랐다. 욕심도 있지만, 항상 남을 먼저 생각하라는 부모님의 가르침 덕분에 이기적이지 않게 살아올 수 있었던 것 같다.

요즈음에는 자신을 먼저 생각해야 한다고 많이 이야기한다. 하지만 나는 일말의 희망을 걸어 그래도 세상이 아직은 따뜻하다고 생각을 한다.

"마음으로 보아야만 분명하게 볼 수 있어. 정말 중요한 것은 눈에 보이지 않는 법이거든."

– 앙투안 드 생텍쥐페리

나는 아이들이 태어나고나서부터 '굿네이버스'에 매달 일정 금액을 기부한다. 아이가 태어난 직후 TV에서 연예인들이 기아로 죽어가는 아이들을 돌보아주는 광고를 보게 되었다. 광고를 본 뒤 아이들이 눈에 밟혔다. 그들은 자신의 선택으로 인해 태어난 사람이 아닐 텐데, 환경으로 인하여 굶주림과 차가운 현실에 죽어가고 있었다. 그 광고를 보고 나는 많은 생각을 했다. 나에게도 그들과 비슷한 아이들이 있기에 동질감을 느낀 것 같다. 아이들에게 도움이 되어야겠다고 생각을 했다.

나는 자녀가 셋이라서 같은 성별, 비슷한 나이, 같은 나라 아이들 세명을 후원하기로 했다. 세 자녀의 이름으로 한 명씩 1:1로 친구를 만들어주었다. 세 명이면 부담감이 세 배라서 고민을 많이 했지만, 치킨값으로 착한 일을 할 수 있다고 마음을 먹고 나니, 그렇게 불가능한 일은 아닌 것 같았다. 르완다 국적의 친구와 대한민국에 사는 나의 아이들과 친구가 되기로 한 것이다.

굿네이버스에서는 후원해준 친구들의 편지와 사진, 장래희망, 사는 곳

등등이 번역된 편지가 도착했다. 아이들에게 친구들의 사진을 보여주면서 매달 너희 이름으로 친구들이 학교에 다니고 공부를 할 것이라고 설명을 해주었다. 너희들이 자라서 원하면 비행기를 타고 친구를 만나러 갈 수 있다고 설명하면서 힘든 상황에서도 열심히 자라는 친구들처럼 너희도 열심히 자라야 한다고 설명해주었다. 많은 아이를 후원해주면 좋지만, 나에게는 부담이 될 것 같아서 단 세 명은 끝까지 후원해야지 하는 생각을 했다. 우리 아이들은 따뜻한 곳에서 부모의 사랑을 받으면서 자라고 있지만, 르완다 친구는 이런 기본적인 의식주가 제공되지 않아서 더위와 가난 속에서 자라고 있어서 항상 마음 한쪽이 짠하게 느껴진다.

"지금, 이 순간, 당신 주변의 사람들을 떠올려보세요. 그 사람들이 얼마나 소중하고, 나는 그 사람들을 얼마나 아끼고 사랑하는지. 그리고 그 사람들에게 얼마나 많은 마음의 빚을 가졌는지 찬찬히 돌아다녀보세요. 사랑만 해도 모자랄 시간에, 작고 사소한 것 때문에, 혹은 나의 알량한 자존심 때문에, 다투고 화내고 고함치며 서로 미워하기라도 하는 것처럼 으르렁댔던 그 순간들을요."

– 에릭 블루멘탈, 『1% 더 행복해지는 마음사용법』

착한 일은 방법도, 요령도 필요 없다. 의무는 더더욱 아니다. 하지만 내가 숨 쉬고 살아 있음에는 혼자서는 살 수 없음을 너무 잘 알고 있다.

그래서 항상 타인을 배려하고 존중하는 것이 필요하다고 생각한다. 나 혼자 잘살기 위해 욕심부려서는 안 된다. 항상 배려와 감사가 있어야 비로소 부족한 나를 채워주는 것이다.

요즈음 개인주의가 만연하는 보기 불편한 뉴스가 종종 나와서 사실 걱정이 된다. 시대가 사람을 변하게 만든다고 하지만 개인적인 마음으로는 따뜻한 마음이 조금이라도 남아 있어서 사람들이 함께 어우러져 배려하며 살아가는 더욱 빛나는 세상이 되기를 바라본다.

삶이라는 바다를 어차피 항해해야 한다면, 노를 젓고 음식을 먹는 그 소소한 순간조차도 행복함을 느꼈으면 좋겠다. 누군가에게 학습된 것 말고 진정으로 행복을 가슴속에서 떠올리는 존재가 되기를 바라본다.

남에게 보여주기 위한 것이 아니라 자신을 위해 매일 착한 일을 하나씩 해보자.

04

지난 일의 후회보다는
내가 깨달은 점을 찾자

많은 사람이 지난날을 후회하는 것이 일상다반사이다. 사실 나도 현실에서는 완벽하지 못한 자신을 반성하며 과거의 일을 후회한다. 하루를 무의미하게 살았던 어제를 후회하고, 다이어트에 실패한 나를 후회하고, 계획했던 영어, 독서, 운동을 실행하지 못한 자신을 후회했다. 과거에 얽매여 후회와 반성으로 이루어진 나의 일상은 어땠을까? 행복과 미래를 구상해야 할 시간에 짜증과 반성을 하는 자신을 보면서 희망이 보이지 않는 것 같은 생각이 나를 지배하고 있음을 알 수 있었다.

나는 스스로 매일 엄격하게 대한다. 완벽함을 필요로 하는 직업의 특성상 나는 실수를 반복하지 않기 위해 매일 노력을 해왔다. 직장에서 지적을 받는 날이면 그날 저녁 내내 그 생각으로 가득 찼다. 내가 왜 실수를 했고, 어떻게 일이 진행되었으며, 내가 대체 왜 그랬는지, 그래서 어떻게 됐는지, 많은 생각과 원인을 찾는다. 다음에는 내가 어떻게 대처해야 하는지까지 많은 고민을 하고 그 이후에는 다시 그런 일이 반복되지 않도록 나만의 방법을 찾는다. 그렇게 자신을 스스로 채찍질하면서 실수를 줄이기 위해 매일 똑같은 반복을 한다.

과거, 나에게 있었던 일이다. 나는 직장에서 내게 주어진 일 이외에 가능하면 내가 도움을 줄 수 있는 일이 있을 때는 함께하려고 한다. 서류작업이나 손이 필요한 수작업이 있을 때 당연히 병동 일원이기에 나의 도움이 필요하다면 같이 하는 것이 바르다는 생각이 들었다. 그 일은 남 일이 아니라 우리 모두의 일이기 때문에 당연하다고 여겼다.

하지만 어떤 이는 그런 나를 좋지 않은 시선으로 보았던 것 같다. 상사에게 잘 보이기 위해서 그런다고 소문이 돌게 되어 나의 귀에까지 들어오게 되었다. 그 순간 10년 동안의 내 직장의 업적이 한순간에 무너지는 듯한 느낌이 들었다. 한 번도 그렇게 생각해본 적 없고 당연히 모두의 일이고 선의에서 했는데 남의 눈에 그렇게 비칠 것은 생각조차도 못 했기 때문이다.

한 번이라도 나에게 직접 물어보았다면 내가 이야기를 해줄 수도 있었을 텐데 뒤에서 소문을 통해 나에게 들려오는 이야기는 정말로 충격 그 자체였다. 나는 이미 그런 사람이 되어 있었다. 그 이야기를 나에게 전달해주는 사람에게 내가 해줄 수 있는 이야기는 단 하나였다. "혹시 당신도 나를 그렇게 생각하고 있나요?" 당신이 본 나의 모습은 그런 모습이었냐고 되물었다. 그러니 전달하신 분은 말을 못 했다. 당신이 본 나의 모습이 그렇지 않으면 나에게 이런 이야기를 전해줄 것이 아니라 아니라고 이야기를 해주는 것이 바르다고 생각한다고 내 의사를 전했다.

나는 이후에도 처음과 똑같이 내가 필요한 일에는 내가 먼저 도움을 주자는 생각으로 한결같이 일하고 있다. 그 일이 있고 나서 참 많은 회의감도 들고 사람에 대한 배신감도 들었다. 나도 모르는 사이에 내 선의가 남에게는 다르게 보일 수 있다는 점이 충격으로 나에게 다가왔다. 하지만 연연하지 않기로 했다. 나는 고민에 쌓여 있기보다는 소신을 지키기로 했다.

내가 틀리지 않았다는 것을 알려주고 한결같이 일하는 모습을 보여주는 것이 필요하다고 느꼈다. 쉽지 않은 일이었지만 꾸미지 않는 그대로의 모습을 보여주는 것이 나에게는 큰 용기고 이기는 길이라는 생각을 했다.

과거의 일을 잊을 수는 없다. 하지만 내가 그 상황에 얽매여 있지 않고 나만의 방식으로 풀어서 더 나은 내가 되기 위해 노력을 하는 것이 중요하다. 누구에게 보여주는 내가 되는 것이 아니라 스스로 자랑스러운 사람이 되도록 나를 계속 업그레이드하고 능력을 가꾸어 나가는 것이 중요하다는 것을 깨달았다.

『백만장자 메신저』를 쓴 브렌든 버처드는 퇴근 후 친구와 차를 타고 돌아오는 길에 차가 미끄러져 길에서 벗어나 차가 뒤집히며 빙글빙글 돌았다. 그 죽음의 문 앞으로 미끄러지는 긴박한 순간에 순간적으로 드는 생각은 '내가 과연 충실한 삶을 살았나?'라는 질문이었다고 한다.

인생의 순간들이 주마등처럼 스쳐 지나가면서 '나는 사랑하며 살았던가?', '나는 가치 있는 존재였나?'라는 생각이 들면서 기억을 잃었다. 이후 깨어난 직후, 마치 신에게서 받은 두 번째 삶인 것처럼 느껴졌다고 한다. 그래서 자신은 더욱 가치 있는 존재로 살아갈 결심을 하게 되었다고 책에서 이야기했다. 한순간의 사고가 자신을 뒤바꿔놓았으며 그의 생각을 전달하는 '메신저'가 되기로 했다. 현재는 '역사상 가장 성공적인 동기 부여가 중 한 명'이라고 불리고 있다.

사람에게는 기회라는 것이 존재한다. 그 기회는 누구에게나 존재하지만 어떻게 그 기회를 알아차리고 손에 넣느냐는 본인이 하기 달렸다고 생각을 한다. 브렌든 버쳐드도 마찬가지였다. 순간의 사고로 겁쟁이가 되기보다 자신이 느끼고 배운 것을 알리는 메신저가 되기로 한 것이다.

　책을 읽으면서 나는 많은 생각을 했다. 평범했던 나 역시도 우연한 권유로 책을 쓰게 되었고, 나의 선택이 세상을 바꿀 절호의 기회라는 느낌이 들었다.

　내가 행복에 관해 이렇게 관대해진 이유도 내가 지나온 인생에서 내가 한 일이 실패였던 적이 단 한 번도 없었으며, 어느 한 부분도 이유가 없었던 적이 없다는 것을 알게 되었기 때문이다. 삶이 재미있는 이유도 이런 버라이어티한 요소가 있기 때문인 것 같다.

　지금도 평범한 나날을 보내고 있지만 나는 결코 과거의 일을 후회하지 않는다. 심적으로 힘들었던 과거의 나를 마주하고 난 뒤 나는 절대로 지난날을 후회하지 않는다.

　설사 잘못했더라도 후회하기보다는 내가 깨닫고 앞으로 변화를 해야 할 점을 생각하기로 했다. 과거는 아무리 고민을 해보아도 바꿀 수 없으므로 시간만 낭비하고 내 마음만 힘들어진다는 것을 깨달았기 때문이다.

"내가 하는 생각은 곧장 우주라는 주방에 보내는 주문서와 같다. 생각은 좋은 것이든, 나쁜 것이든 그대로 창조한다. 그러니 이왕이면 좋은 것, 원하는 것을 생각하는 것이 좋지 않을까. 내가 바라는 것들로 하나씩 채워나가는 것이 인생이다. 그동안 살아온 인생이 마음에 들지 않는다면 이제부터 다른 생각을 해보자."

— 김도사, 권마담, 『부와 행운을 끌어당기는 우주의 법칙』

모든 이들이 하루를 살아가며 과거에 얽매여 후회하는 하루를 보내며 젊은 청춘을 아깝게 흘려보내지 말고 과거를 밑거름으로 내가 앞으로 나아가야 할 방향을 깨닫고 실천하면서 더 나은, 그리고 나아가 스스로 행복한 사람이 되기 위해 가치를 높이는 사람이 되기를 바란다.

05

환한 미소와 친절한 말투는
나의 무기가 된다

"웃는 얼굴에 침 못 뱉는다."라는 우리나라 속담이 있다. 이 속담은 내가 뜻하지 않게 잘못을 했더라도 진심으로 다가가면 상대방은 화를 내지 못한다는 뜻이다. 나는 이 속담에 충분히 공감하고 나의 무기가 된다고 생각한다.

내가 직장에서 전화를 받을 때 처음 내 목소리를 들은 사람이면 으레 이렇게 질문한다.

"이 목소리 누구예요? 목소리 좋네요!"

그럴 때는 내 이름과 소속을 이야기하면 "아~ 그 간호사!" 그렇게 나를 기억한다. 목소리가 상냥하고 예뻐서 좋다고 칭찬을 받는다. 내 목소리를 자주 듣는 타 부서의 직원들도 내 특유의 목소리를 기억하고 기쁘게 전화를 받아준다. 서로 존중하고 배려를 해주는 것을 느낄 수 있었다. 이렇게 전화응대를 시작하면 상대방도 기분 좋게 대화를 이어간다. 그러다 보면 힘들고 어려운 일도 술술 풀려가고 좋게 해결된다. 나는 여러 해 동안 경험을 통해서 목소리가 또 다른 나의 장점이라는 것을 알게 되었다.

처음부터 목소리가 자신감 있고 상냥하지는 않았다. 내 성격은 소심하고 거절을 못 한다. 이러한 내 성격상 대화를 주도하지 못했다. 주장을 펼치기보다 이야기를 듣는 것을 좋아했다. 학교생활에서는 이 성격을 큰 단점으로 생각하지 않았다. 조용히 내 할 일만 하면 되었다. 하지만 성인이 되고 직장인이 되면서 이런 성격이 손해 보는 일이 많았다. 내가 의사 표현을 하지 않았다는 이유로 일이 넘어오는 일도 있었고, 싫은 일도 해야 했다. 그래서 나는 비로소 내 목소리를 내기로 마음먹었다.

말을 조리 있게 잘하고 싶어서 많은 책도 보았다. 언변에 관련 영상도 보고 요령도 배우려고 시도를 했다. 하지만 연습한다고 좋아지지는 않았다. 욕심이 과했는지 모르겠다. 나는 오히려 남들과 비교하여 못하는 나 자신이 싫었고 더 작아지는 느낌이었다. 점점 더 불행해지는 나 자신을 보면서 잘못되었다는 것을 스스로 깨닫게 되었다. 그래서 나는 생각을 바꾸기로 했다.

말을 잘하려고 생각한 것부터 잘못된 것이다. '말을 잘하려고 하지 말자.' 나는 나만의 방식이 있다. 그 대신 '내 생각을 남들이 잘 알아들을 수 있게 나만의 색깔로 표현하자'고 생각했다. 물론 이렇게까지 생각을 전환하기 위해서 수많은 책을 읽었다. 떨어진 자존감을 올리기 위해, 남과 나를 비교하지 않기 위해 나는 그렇게 책을 읽으며 스스로 치료를 했다.

그래서 나는 나만의 방법을 찾기 시작했다. 거울을 보면서 매일 아침, 저녁으로 나에게 최면을 걸었다. '나는 행복한 사람이다. 나는 행복을 남에게 전달해주는 사람이다.' 나를 통해서 타인이 행복했으면 좋겠다고 매번 생각했다. 나에게 최면을 걸어 내 마음이 타인에게 전해지길 바랐다. 또한, 매사에 긍정적인 생각을 했다. 무의식적인 행동과 말이 주변에 많은 영향을 끼치는 것을 경험을 통해 보면서 나는 깨달았다. 그 이후 되도록 '나는 잘될 것이다. 괜찮다. 잘 이루어진다.'라는 생각을 하려고 노력했다. 내가 부정적인 사람이 되지 않기 위해 노력했다. 나와 같은 공간에 있는 사람들은 모두 나로 인해 행복하고 긍정적으로 모든 일이 잘 이루어지도록 내가 먼저 나서서 노력했다. 나는 항상 출근할 때 '나에게는 내가 감당할 만큼만 일이 주어질 것이다.'라고 생각한다. 그러면서 나에게 주어진 환경과 상황에 최선을 다한다. 나는 최고가 되길 바라지 않는다. 다만 현재 상황에 최선을 다하기 위해 노력한다. 직업상 예상하지 못한 일이 있지만 그래도 마무리를 지으려고 노력한다. 일을 미루려고 하지 않는다. 그래야 다음 근무 당번이 덜 힘들기 때문이다. 나는 일명 환타(환자를 탄다)는 아니지만 갑작스러운 이벤트가 많기에 항상 바쁜 일의 연속이다. 하지만 내가 짜증을 내버리면 나와 일하는 동료 및 환자, 보호자들은 불안해진다. 그러므로 항상 긍정적이고 나를 믿을 수 있는 사람으로 여기도록 꾸준히 노력한다.

그렇게 나는 자존감 상승을 위해 스스로 노력했다. 누가 가르쳐주지 않고, 경험 때문에 스스로 방어하듯 터득한 나만의 방법이 생긴 것이다. 그러다 보니 저절로 배려와 친절이 몸에 익은 것 같다. 나는 진심으로 남을 대하면 남도 진심으로 나를 대한다고 생각한다. 그래서 되도록 진정성 있게 행동하려 한다. 이는 나를 위한 것이지만 나를 통한 모든 사람이 행복했으면 하는 바람이다.

누군가는 나만 잘하면 되지 왜 이렇게 복잡하게 사느냐고 여길 때도 있다. 나의 방식이 답답하고 사서 고생한다고 생각할 수도 있다. 하지만 좀 더 나이가 들고 철이 들면서 어른이 되면 생각이 바뀐다. 혼자서는 살 수 없는 것이 인생이라 어느 누군가와 접촉과 공유를 통해 살아가야 한다. 그럴 때 좀 더 인생을 행복하고 생산적이며 평화롭게 살기 위해서는 내가 먼저 손을 내밀고 환한 미소로 부드럽게 대해야 한다. 만약 나의 불성실한 태도로 상대방이 기분 나빠 하면 일이 진행되지 않고 서로 마음만 상하게 된다. 그러면 일이 꼬이는 것을 알 수 있을 것이다. 꼭 간호사라는 직업뿐만 아니다. 나는 내 경험에 비추어보았을 때 내 직업과 무관하게 상대방을 향한 배려와 존중은 나를 더욱 높여준다는 것을 알 수 있었다.

"간호사님 덕분에 치료 잘 받고 갑니다."
"일부러 여기 또 왔어요. 이번에도 잘 부탁합니다."

환자들이 이렇게 이야기하면 나는 온종일 뿌듯한 생각이 든다. 환자들이 아프지 않아 나를 만나지 않으면 제일 좋겠지만, 병원에서 환자로 있을 때는 건강이 좋아져서 빨리 퇴원하길 바라는 마음이 든다.

그렇기에 되도록 환한 미소와 친절한 말투로 타인을 대하고 존중한다. 때로 아파서 울고 있는 할머니에게는 따뜻하게 손을 잡아드리거나 물수건, 얼음팩 등을 가져다주면서 주사 처치 이외에도 내가 할 수 있는 최선의 노력을 한다. 이런 시간과 경험이 쌓여가면 이것이 나의 커리어가 되고 내 장점이 되는 것으로 생각한다.

"미소란 당신이라는 사람을 보여주는 창문의 빛과 같은 것이다. 그를 통해서 당신이 배려심 있고 나눌 줄 아는 사람이라는 것을 다른 이들에게 알릴 수 있는 것이다."

— 월트 디즈니

우연히 읽은 명언에서 내가 배워야 할 점을 많이 느꼈다. 친절과 미소는 내가 행복하기 위해 시작했다. 하지만 나를 보는 많은 이들이 나를 통해 행복했으면 좋겠다고 생각이 들었다. 사실 매 순간 환한 미소와 친절한 말투를 하기란 쉽지 않다. 하지만 내가 느끼는 선행이란 대단한 것이 아니고 이런 미소와 말투만으로도 충분히 타인을 인정하고 존중할 수 있다고 여긴다.

인생은 나 혼자 사는 것이 아니다. 언제든지 타인과 부딪히고 엮이면서 앞으로 나아간다. 어차피 사는 인생이라면, 내 행동으로 남이 더욱 행복하면 좋을 것 같다는 생각을 했다. 내가 원하는 행복은 위와 같은 나의 노력에서 얻을 수 있는 것으로 생각한다. 나로 인해 주변이 좀 더 밝고 행복하면 좋겠다고 항상 생각한다.

06

마음이 시키는
일을 하자

누구에게나 선택의 순간이 있다. 나 역시도 수많은 선택의 기회를 발판 삼아 지금의 내가 된 것이다. 만약 하기 싫은 선택을 했을 경우 어떻게 될까? 많은 이들이 정답을 알고 있을 것이다. 당연하게 그 선택이 끝날 때까지 좌절과 우울함의 연속이 기다리고 있을 것이다.

나는 결혼 직후 1년 동안 남편과 둘이 임대 아파트에서 시작했다. 신혼 생활은 매우 알콩달콩 좋았다. 그러나 정해진 금액을 매년 납부해야 한다는 부담감이 있었다. 신혼 때는 모두 그렇게 시작을 한다고 이야기한다. 하지만 나는 고민하기 시작했다. 이대로 계속 사는 것이 맞는 것인지…. 주변 지인들은 한결같이 이야기한다.

"모두 그렇게 시작해."

하지만 나는 그렇게 살고 싶지 않았다. 그 당시 어린 마음에 나는 겁도 없었나 보다. 나는 정말로 내 집이 갖고 싶었다. 그래서 큰 결심을 했다. 모든 이들의 걱정과 관심을 뒤로한 채, 근처에 사는 시댁 어른들과 함께 살기로 한 것이다. 당연히 집값은 몇 년 동안 같이 내야 했다. 하지만 일정 시간이 지난 후에는 이사 걱정 없이 오로지 우리 집이 되었다.

처음에는 스스로 불편하다고 선을 그어버려 너무 어색한 시절도 있었다. 무뚝뚝한 성격이라 살갑게 다가가지 못해서 아마 서로 불편한 나날을 보냈던 것으로 기억한다. 하지만 그 이외에는 모든 것이 좋았다.

시부모님께서 아이들을 봐주니 확실히 걱정을 덜 하게 되었고, 아이들도 엄마가 출근하는 사이에 밥 걱정을 안 하게 되었다. 또한 보호자도 있으니 안심이 되었다. 그것만으로도 나는 내가 좀 아쉬움을 고려하더라도 합가한 것은 잘한 것으로 생각했다.

시부모님들과 함께 살기로 한 것이 다시 간호사로 빨리 복직할 수 있는 계기가 된 것 같다. 지금도 주변에서는 "어떻게 그렇게 살아? 안 불편해?"라고 물어본다. 모든 일이 맞지 않을 수도 있다. 많은 사람의 걱정과 위로는 모두 나를 위한 것이었을 것이다. 하지만 나는 내가 선택한 것을 후회하며 절대로 뒤를 돌아보지 않는다. 혹여나 다른 후회스러운 일이 있었더라도 절대로 후회하지 않는다는 것이 내 나름의 철칙이다.

남편조차도 정말 괜찮겠냐고 걱정했다. 하지만 내가 선택해서 합가하겠다고 결정했다. 며느리가 상냥하면 좋겠지만, 그렇지 못한 나 자신의 성격상 아쉬움도 있다. 하지만 따로 살아 인사하러 오가는 것보단, 매일 아이들 보여 줄 수 있는 행복함이 어른들에게는 더 많은 것 같다. 지금도 나는 잘한 일이란 생각이 든다.

모든 선택에는 정답이 없다. 또한 선택 후에 분명히 장단점이 있기 마련이다. 나 또한 내가 감내해야 할 사항이 있다. 하지만 그것을 고려하더라도 분명 장점이 많은 일이라 후회는 없다. 아마 과거로 돌아갔어도 똑같은 선택을 했을 것 같다.

그렇게 자신의 행복은 내가 찾는 것이다. 선택의 길에 서 있을 때 어떤 것이 더 좋을지 잘 생각해야 한다. 남의 이야기를 경청하고 참고하는 것도 좋은 방법이다. 하지만 결정은 오직 본인이 하는 것이다. 고로 나는 내 결정에 후회하지 않는다.

나는 매년 시부모님 생신에는 아이들 고모와 함께 생신상을 차린다. 음식점을 운영 중인 시부모님들이라 평소에는 어른들께 음식을 대접할 일이 거의 없다. 쉬는 날이면 외식을 자주 했고, 집 안에서 음식을 먹더라도 가게에서 먹게 되었다.

하지만 생신날이 되면 어김없이 고모와 머리를 맞대고 며느리표 요리를 만들어 드린다. 음식점을 약 20년 가까이 하신 분이라 당연히 자신의 음식이 맛있을 것 같지만 딸과 며느리가 함께 만든 음식을 드시면 언제나 맛있다면서 진심으로 행복해하시곤 한다.

사실 처음에는 나의 엄마 · 아빠를 위한 요리도 해본 적이 없어서 정말로 걱정을 많이 했다. 아이들이 먹을 요리는 뚝딱뚝딱 쉽게 하지만, 어른들에게 드리는 요리는 너무 걱정이 많이 되었다. 하지만 매일 음식점 요리를 드시는 시부모님들께 생신이라도 손수 차린 음식을 드리고 싶다는 생각을 고모와 하게 된 것이다. 항상 생신이 되면 한 상 거나하게 차린 음식과 함께 촛불을 불고 파티를 하는 것이 연례행사로 자리 잡고 나니 아이들도 당연히 어른들에게는 그렇게 해야 한다고 보고 배우는 장점이 되었다.

아직도 생신날이 다가오면 일주일 전부터 고민한다. 매번 비슷한 잔칫 상이지만 좀 더 색다른 요리를 구상하느라 인터넷 정보를 찾는 일에 몰두한다. 아마 생신상 차리는 것이 시부모님께 거의 유일하게 잘하는 행동이라고 우스갯소리로 이야기한다. 열한 명이라는 대가족에게 식사를 차린다는 것이 만만치 않은 일이다. 하지만 부모님들의 생신을 축하드리며 어느새 가정 교육이 저절로 하나 더 되는 것 같다.

시대가 변함에 따라 이제는 가족들 얼굴도 자주 볼 수 없는 시대가 되었다고 하지만, 나는 아직도 3대가 같이 살고 있다. 한편으로는 불편할 것 같지만, 다르게 생각하면 그 덕분에 나는 더욱 자유롭게 공부, 직장, 여유를 누릴 수 있다. 나의 선택은 가족의 행복과 미래, 아이들의 정서에 더할 나위 없이 좋은 탁월한 선택인 것 같다.

남들이 가는 똑같은 길을 가지 않아도 된다. 정녕 내가 원하는 일이고 그 선택을 후회하지 않을 자신이 있을 때는 그대로 밀고 나가는 용기도 필요하다. 세상이 모두 그렇다고 할 때, 아니라고 이야기할 수 있는 자신감 있는 생활을 많은 이들이 하면 좋겠다. 다른 이들의 눈치 보지 않고 오로지 내가 행복할 수 있는 길을 선택해보자.

각자가 원하는 꿈이란 모두 한 길을 가는 것을 의미하지 않는다. 개인의 성향이나 목표에 맞추어 서로 다른 곳을 보기도 한다. 하지만 그렇기에 모두 개성 있는 삶을 살 수 있는 것이다. 행복도 마찬가지다. 모두 같은 행복을 추구하면 그 행복은 평범한 것이 된다. 그러나 나만의 행복을 찾게 되면 그 행복은 오직 나만 느낄 수 있는 유일한 것이 된다. 그러므로 남들과 똑같이 살지 않아도 된다. 나는 나만의 삶이 있고 나만의 방법이 있다. 그 방법대로 나아가보자. 나는 충분하게 그런 자유를 누릴 수 있는 사람이며, 내 삶은 내가 키를 잡고 있어야 한다.

마음에 물어보자. 그리고 마음이 시키는 일을 하자.

"자신의 능력을 믿어라. 겸손하지만 합리적인 자신감. 자신감이 없이는 성공할 수도 없다."

— 노먼 빈센트 필

07

항상 감사하는
습관을 갖자

    당신의 매일 아침 일상은 어떤가? 나는 매일 아침 눈뜨면 제일 먼저 책상에 앉아서 주어진 양의 글을 필사한다. 그날 필사에 필요한 책은 그날 그날 내 느낌대로 선택을 한다. 하지만 하루 4~5권 정도에서 발췌된, 주어진 하루 분량만큼 필사한다. 글을 모두 쓰고 난 뒤 생각을 적어본다. 필사용 책은 좋은 글귀, 의식 성장, 좋은 책 내용, 시집 등등 서점에 많이 나와 있고 많은 종류가 있다. 그중에 나는 명언이나 의식 성장 필사를 좋아한다.

    처음에는 얼떨결에 시작했다. 정말로 반복적인 내 인생에 선물처럼 할 일을 만들어준 것이다. 하지만 필사는 마음먹기와 다르게 하기 쉽지 않았다. 매일 숙제처럼 하루도 빠짐없이 해야 한다는 부담감도 있었다. 또한, 손도 매우 아파서 약 한 달 정도는 운동이라고 생각하고 시작했다. 글을 썼는데 팔만 아프고 뭐가 좋은지도 몰랐다. 왜 이렇게 하는지 이해는 할 수 없었지만, 일단은 시작했기에 포기하지 않았다. 그러나 점차 익숙해지며 아침 필사를 쓰고 내가 쓴 글을 한 번 더 읽어보았다. 그렇게 생각에 잠기면 내가 차분해지고 마음이 충만해짐을 느꼈다. 따뜻함이 마음속에서부터 차올라 모든 것이 감사하게 느껴졌다. 아마 많은 사람이 이 기분을 느끼고 지속하고 싶어서, 제출하지 않는 매일 본인과의 약속을 지키기 위해 노력하는 것 같다.

"더 나은 인생, 성공하는 인생을 살고자 한다면 당장 오늘부터 메뚜기에서 거인으로 거듭나야 한다. 거인으로 거듭날 때 모든 것이 기회라는 것을 느끼게 된다. 세상을 바라보는 관점이 달라진다."

– 김태광, 『독설』

힘들고 답이 없는 현실일수록 나를 지탱해주는 것은 자기 자신인 것 같다. 자신이 불행의 늪에서 빠져나오고 앞으로 행복을 위해 나아가게 하기 위해서는, 나 자신을 믿고 다독여주며, 괜찮다고 어루만져줄 필요성이 있다. 이런 해답은 어느 누가 가르쳐주지 않는다. 나 역시 이런 위로와 깨우침을 스스로 필사를 통해 얻고 감사함을 배우는 중이다.

믿을 수 없는 일이지만, 전날의 고민거리나 속상한 일을 마음에 담고 필사하면 그 내용이 해결되고 풀리는 것 같은 신기한 일을 경험하기도 했다. 직장 일을 하면서 최선을 다하지만, 항상 퇴근 후에 미련이 남기 마련이다. 그런 찜찜한 마음으로 잠을 잤다. 다음 날도 마찬가지로 아침 필사를 하니 신기하게 어제의 후회와 속상함보다는 내가 최선을 다함에 더 집중되어 전날보다 마음이 풀리는 것을 느끼게 되었다. 그래서 속상함은 사라지고 나에 관해 감사함을 느낄 수 있었다.

이런 사소한 것들이지만 자꾸 반복되니 매일 아침 필사로 마음을 정화하기 잘했다는 생각이 많이 든다. 내 행복은 멀리에서 찾는 것이 아니다. 이렇게 나를 위한 생각을 할 시간을 준다는 것 자체가 나를 위로하는 시간이다. 나는 나만의 방법으로 내가 자신을 다독일 시간을 준다. 그러면 하루를 더 힘차게 보낼 수 있는 원동력이 되는 것 같다. 나만의 방법으로 나를 안아줄 수 있는 시간을 작게나마 만들고, 꾸준히 실천하면 더욱더 멋진 내가 될 수 있을 것 같다.

나는 사랑스러운 아이들이 세 명 있다. 그중 둘째인 큰딸이 두 살 생일이 지난 어느 날, 엄마의 손을 잡고 길을 가다 넘어지고 말았다. 하필 보도블록에서 넘어져 아이의 이마가 약 5cm가량 찢어지게 되었다. 순간 제대로 아이를 돌보지 못했다는 자책감과 짜증이 밀려왔다. 하지만 아이가 거리가 떠나갈 듯 울고 있는 모습을 보니 너무 마음이 아팠다. 손을 잘 잡고 갔는데 갑자기 넘어졌으니 나 또한 당황하고 말았다. 곧바로 정신을 차리고 빨리 병원에 갔다. 다행히 아이는 뇌진탕 증상을 보이지 않았다. 울음도 길지 않아 쉽게 그쳤다. 그래서 근처 성형외과에 가게 되었다. 다행히 두 살 소아도 봉합해준다고 하여 눈물을 머금고 아이를 재운 뒤 병원 침대에 눕혔다.

나는 그제야 눈물이 났다. 잘해주지 못한 내 죄책감이 물밀 듯이 밀려왔다. 아이가 넘어져 울고 있는 그때, 아이를 생각하기보다 내 마음을 먼저 생각한 못난 엄마라는 생각에 너무 창피함이 몰려왔다. 간간이 봉합하는 중에 들려오는 아이의 울음소리가 내 마음을 아프게 했다. 내가 조금만 더 주의를 기울였다면 아이가 다쳐서 예쁜 아이의 얼굴에 상처가 나는 일을 없었을 텐데 하는 후회도 밀려왔다.

너무 어린 나이에 아픔을 알게 했다는 죄책감과 엄마로서 책임을 다하지 못했다는 후회가 나의 마음을 옥죄어왔다. 모두 내 탓인 것 같았다. 식구들에게는 어떻게 이야기하지? 흉터가 남으면 어떻게 하지? 아파하진 않을까? 수만 가지 생각을 하면서 아이가 밖으로 나오기만을 기다렸다.

다행히 큰 어려움 없이 봉합을 잘하고 사탕을 먹으면서 천진난만하게 집으로 돌아왔다. 나는 아이를 보면서 천만다행이라는 생각을 했다.

잠시나마 불평불만을 가졌던 나 자신이 너무 창피했다. 그러면서 아이가 이 정도만 다친 것이 천만다행이라는 생각이 들었다. 그러고 나니 아이가 씩씩하게 뛰어노는 모습에 정말로 감사하다는 생각이 들었다. 속으로는 이기적인 엄마였지만 아이의 모습을 보니 내 어리석은 마음이 물밀듯이 사라지면서 감사함이 밀려오는 것을 느꼈다.

나의 큰딸은 그렇게 엄마와 같은 자리, 같은 이마에 거의 비슷한 흉터가 생겼다. 나도 딱 큰딸만 한 나이에 넘어져서 봉합한 상처가 있기 때문이다. 요즘 상처를 보면 그때를 떠올리게 된다. 어쩌면 평생 흉터가 될 수도 있는 상처이지만 아이는 엄마와 같은 모양이 있다고 자랑스럽게 이야기를 한다. 그런 모습을 볼 때마다 나는 또 한 번 아이에게 세상 사는 법을 배운다.

현실은 내가 어떻게 바라보느냐에 따라 행복과 불행이 결정된다. 창피한 흉터일 수도 있고, 엄마와 같은 흔적일 수도 있다. 어떻게 생각하느냐에 따라 내 마음은 결정되는 것이다. 순간의 상처는 내 마음을 아프게 했지만 나는 아이를 통해 현실에 감사하는 법을 깨닫게 되었다.

"세상에서 가장 지혜로운 사람은 배우는 사람이고, 세상에서 가장 행복한 사람은 감사하며 사는 사람이다."

— 『탈무드』

세상을 살아가면서 많은 감사할 일들을 놓치고 갈 때가 많다. 의도하고 생각하지 않으면 감사할 일들을 당연하게 여기기 때문이다. 나 역시 매사에 긍정적이라고 자부하지만 감사하며 살기는 쉬운 일은 아니다. 그러나 행복 습관에 필요한 요소들 중 하나인 '감사'는 마음먹기에 따라 쉬운 일이 될 수도 있고, 어려운 일이 될 수도 있다. 감사함을 알고 표현하는 것은 말이면 되지만 그 말에 진심이 담겨 있어야 한다. 항상 매사에 긍정적이고 감사하는 습관을 들이자.

08

문제보다
해결책에 집중하자

"길을 걸어가려면 자기가 어디로 향하는지를 알아야 한다. 합리적이고 선량한 생활을 영위하려는 때도 마찬가지다. 자기와 그리고 타인의 생활을 어디로 이끌어가고 있는지 알아야 한다."

– 레프 톨스토이

처음부터 현실 전체를 보기란 쉽지 않다. 어디서도 그런 것은 가르쳐주지 않는다. 문제가 발생하면 뚫고 헤쳐나가는 방법은 말해주지만, 전체를 보고 인정하며 포용하는 방법은 혼자서 터득해야 한다. 나도 역시 그랬다.

나는 자주 친정집에 아이들과 함께 다녀온다. 세 아이를 할머니, 할아버지가 엄마인 나보다 더 애지중지 잘 돌보아 주시기 때문에 나는 친정집에 가면 낮잠 자고, 쉬면서 오로지 내 시간을 갖는 행복한 하루를 보낸다. 그러다 보니 친정집에 가는 횟수가 늘어나고 한 달에 두서너 번 정도 잠자고 내려오는 경우도 많이 생겼다.

어느 날 내가 친정집으로 퇴근한 후 낮잠을 자고 있었을 때의 일이다. 아이들은 어느 날과 똑같이 할아버지와 자전거를 타러 가거나 놀이터에서 시간을 보냈다. 엄마인 나보다 더 점심이나 간식도 잘 챙겨줘서 아이들은 행복하게 지내고 있었다. 그런데 엄마가 낮잠 자는 나에게 할 말이 있는지 일어나라고 깨웠다. 그 순간 어렸을 때 하던 대로 짜증을 내고 말았다. 정신을 차린 뒤 아차 싶어서 바로 눈을 비비고 나왔지만 이미 엄마는 상처를 받은 얼굴을 하고 계셨다.

나는 그 순간 너무 죄송해서 일부러 그런 것은 아니라고 사과를 했지만 이미 상처를 받은 것 같았다. 가족이라고 너무 편하게 대해서 이런 일이 벌어진 것만 같았다. 우리 아이들도 봐주시는 부모님께 더 해주지는 못할망정 짜증이나 내는 딸이 된 것이다. 정신 못 차린 중에 벌어진 일이지만 일은 벌어져버렸다. 다시 꿰맬 수도 없이 냉랭한 기운이 감돌고 말았다.

그 이후 수습을 하기 위해 설거지도 해보고 엄마 옆에서 말도 걸어보았지만, 소용이 없었다. 엄마는 딸에게 충격을 받은 것 같았다. 나는 너무 죄송했다. 일부러 그러지는 않았지만 내가 저질러놓은 행동에 책임을 져야 했다. 내가 백 번이라도 사과를 드려야 했다.

시간이 조금 지난 뒤 엄마의 마음이 좀 누그러졌다. 그리고 정신이 들었다. 엄마가 웬만하면 퇴근하고 피곤해서 잠자는 나를 깨우지는 않는데 무슨 일이 있는지 물어보지 않은 것이었다. 그제야 생각이 난 나는 엄마에게 물어보았다.

"무슨 이야기를 하려고 그랬어요?"

그랬더니 엄마가 이렇게 말하는 것이었다.

"아~ 참, 막내딸이 놀이터에서 넘어져서 이마에 피가 났다고 병원에 갔다고 이야기해주려고."
"뭐라고요?"

나는 너무 깜짝 놀랐다. 아이에게 무슨 일이 생겼다는 이야기를 듣고 너무 깜짝 놀라 바로 아빠에게 전화를 드렸다. 다행히 병원에서는 아무 이상이 없어서 소독하고 집에 오는 길이라고 했다.

나는 그제야 안도의 한숨을 쉬었다. 내가 친정집이 너무 편해서 잠시 아이의 엄마라는 사실을 잊었던 것 같다. 내 잘못만 생각하다 보니 문제의 본질을 알지 못한 것이다. 다행히 아이가 아무 이상이 없다고 하니 천만다행이라고 생각을 했지만 나는 어디서부터 꼬인 것일까 하는 생각이 들었다.

내가 부모님께 아이들을 부탁했지만, 그 책임은 나에게 있다. 내가 너무 안일하게 편하게 행동해서 도리어 부모님께 걱정을 끼쳐드린 것은 아닌지 하는 생각이 들었다. 이렇게 안 좋게 생각하니 한도 끝도 없이 부정적으로만 생각이 들었다. 이렇게 해서는 안 될 것 같았다. 나는 그래서 다시 마음을 새롭게 먹기로 했다. 지금 제일 필요한 것은 엄마의 마음을 돌리는 것과 딸아이의 안위를 확인하는 것이다. 그것만을 생각하기로 했다. 딸아이는 다행히 집에 와서 보니 걱정했던 것보다는 괜찮은 상황을 확인하니 안심되었다. 엄마도 시간이 지나니 저절로 풀려서 큰 소동 없이 평상시로 돌아가게 되었다.

지금 생각해보면 참 아무렇지도 않게 지나갈 수 있었던 일을 내가 크게 만들었던 것 같다. 그러다 보니 정작 중요한 문제를 잊어버리고 말았다. 모든 일에는 순서가 있고 그에 합당한 대가가 있다. 다른 일도 마찬가지다. 일을 크게 만들지 않기 위해서는 그 문제를 전체적으로 보고 해결책에 대해서 먼저 생각을 해야 한다.

직장에서도 비슷한 일이 있다. 아픈 환자가 치료를 원해서 간호사실 앞으로 왔는데 신규 간호사인 나는 이미 다른 보호자와 이야기를 하고 있었다. 그때 선배 간호사 선생님께서 달려와서 나를 꾸짖으며 환자를 먼저 보아야 한다고 알려주었다. 일을 처리하는 데 모든 일이 다 중요하지만, 직업의 특성상 환자를 먼저 생각해야 하는 것을 간과하고 있었던 것이다.

지금은 그때 선배 간호사 선생님처럼 보호자에게 양해를 구하고 환자 먼저 확인을 한다. 그게 맞는 것이라는 것을 당연하게 알고 있다. 그러나 신규 간호사 시절에는 모두 어렵고 낯설어서 나에게는 두려움의 대상이었기 때문에 함부로 내가 우선순위를 정하여 처치하기가 쉽지 않았다. 아마 그래서 이런 일이 벌어졌던 것 같다.

이러한 일이 생기면 웬만한 보호자는 환자의 처치가 끝날 때까지 기다려준다. 처치 후에 다시 이야기를 지속해도 이해를 해주시는 분이 대부분이다. 나는 그렇게 하나씩 배워가면서 점차 익숙한 간호사가 되어간다.

누군가는 나에게 "당연히 환자가 우선 아니야?"라고 이야기할 수 있다. 하지만 나에게는 모든 것이 중요했고 하나라도 어긋나면 안 된다는 부담감이 있었다. 모든 일이 완벽해야 한다는 생각이 강하여 환자와 보호자 모두가 중요한 대상이었다. 그렇게 대하니 나도 피곤하고 주변 선생님들도 똑같이 피곤한 상황이 발생하는 게 당연했다.

세상에는 학교에서 배울 수 없는 것들이 너무 많이 있다. 오히려 세상에서 넓은 시야를 배웠고 요령이라는 것도 알게 되었다. 학교는 나에게 1등을 하라고 강요하지만, 세상은 나에게 네가 원하는 것을 하라고 이야기한다. 나는 세상을 살면서 이처럼 많은 괴리감을 이해하고, 다시 나를 바꾸는 작업을 통해서 점차 성숙해지고 있다.

모든 사람이 책에서 말하는 것처럼 똑같은 삶을 살지는 않는다. 때로는 중요한 현실이 있어도 그 문제의 본질보다 해결을 먼저 해야 할 경우가 많이 있다. 행복도 마찬가지이다. 내가 행복해야 할 수많은 이유도 있고, 그렇지 못한 수많은 현실이 마주하고 있어도, 그 모든 것을 제치고 내가 행복할 결말을 먼저 생각할 수 있는 용기가 필요하다.

나의 행복을 누구도 도와주지 않는다. 현실에 갇혀 있기보다는 행복을 위한 해결책을 찾는 것이 오히려 행복해지는 더 빠른 길일 수도 있다. 나의 행복을 찾기 위한 행동을 중요하게 여기자. 내 행복은 내가 스스로 그려가는 것이다. 누구도 나에게 도움을 주지 못한다.

"당신은 수많은 별과 마찬가지로 거대한 우주의 당당한 구성원이다. 그 사실 하나만으로도 당신은 자신의 삶을 충실히 살아가야 할 권리와 의무가 있다."

– 맥스 에흐만

*

5장

누구나 이유 없이
행복해질 수 있다

내 삶의 주인으로
살아가자

스스로 삶의 주인이라고 생각하는 사람이 많이 있을까? 나 역시 과거에 주어진 대로 부모님이, 남이 원하는 대로 살았다. 남이 보고 싶어 하는 모습대로 만들어졌다. 보이는 것이 전부라고 생각했기에 나의 행복보다는 남에게 보여주는 모습이 더 중요했다. 시간이 지나갈수록 나는 무엇 때문에 사는 것인지 의문이 들기 시작했다. 과연 내가 잘살고 있는지 걱정이 되기 시작했다.

나는 이 세상에 태어난 이상, 할 일이 있기에 내가 존재한다고 생각한다. 그 존재 이유를 알고 싶었으나 그러기 위해서는 내가 먼저 내 삶의 주인이 되어야 했다. 내가 진정 원하고, 내가 행복해지기 위한 길을 찾고 싶었다. 남이 좋아하는 내 모습은 이제는 그만 보여주고 싶었다. 오로지 내가 행복할 방법을 찾기로 했다.

내 행복을 찾기 위해 내가 좋아하는 것들을 시행하고 SNS에 글과 사진을 올리기 시작했다. '나를 위해 살기 프로젝트' 태그를 만들어 매일 나를 성장시키고 가꾸기 시작한 것이다. 매일 살아가는 일상에서 나에게 집중할 수 있는 시간을 찾기 위해 많은 책을 읽고 새벽 기상, 새벽 인증을 하기 시작했다. 처음에는 새벽 시간에 일어나 책상에 앉는 것도 힘들었다. 그래서 책상에서 꾸벅꾸벅 졸기도 했다. 하지만 낮이나 저녁 시간은 집안일을 해야 하고 오로지 나에게 집중할 수 있는 시간이 없었기에 교대 근무 패턴 사이에도 잠깐이라도 나만의 시간을 내기로 했다.

주로 새벽 기상을 하고 내가 집중하고 싶은 분야의 책을 필사하고, 책을 읽는 것을 되도록 하루도 빼놓지 않고 실행하려고 노력했다. 필사하기 전에는 내가 보는 대로 세상이 보였다면, 필사하고 마음이 진정이 된 후에는 내가 바라는 대로 세상이 보이기 시작했다. 필사하면서 나를 내려놓고 욕심을 내지 않는 방법을 배웠고, 나 혼자 사는 것이 잘사는 것이 아니라는 것을 깨달았다. 타인의 장점은 깨우치고 내 것으로 만들어야 한다는 것을 알게 되었다. 혼자서 하는 필사는 너무 외롭고 지속하기 힘들지만, 주변의 도움으로 같이 필사하고 매일 사진을 찍어 인증하니 응원해주시는 분도 있어서 꾸준히 열심히 하게 되는 것 같다.

"어떤 생각을 가지느냐에 따라 성공과 실패가 결정된다. 갈수록 성장하는 사람들은 자신이 가고자 하는 목적지에 대한 확신과 믿음을 가지고 있다. 그들은 보이는 현실에 의해 걷는 것이 아니라 믿음에 의해 걷는다."

– 김태광,『100억 부자 생각의 비밀 필사노트』

책을 읽고 필사를 하면서 나는 혼자서는 알 수 없었던 많은 것들을 깨우치게 되었다. 꿈을 이루기 위해서는 내가 원하는 모습을 이룬 모습을 상상할 수 있어야 한다는 것을 알게 되었다. 막연한 꿈이 아니라 확신에 찬 내 모습을 떠올려야 한다는 것이다. 나는 성공하고 싶고 행복해지고 싶다는 생각을 항상 했다. 그래서 나는 매일 속으로 외치면서 내가 원하는 나의 미래의 모습을 떠올린다.

새벽 시간 활용을 하면서 낮 동안 못 했던 강의를 듣기도 한다. 시간을 알뜰하게 사용하기 위해 내가 집중할 수 있는 것들을 찾아서 강의를 듣는다. 최근에는 영어, 메타버스, SNS 마케팅 등등. 최근 트렌드에 맞추어 공부하고 있다. 나는 이렇게 나를 위해 시간을 보내고 투자하는 나 자신이 뿌듯하고 대견하다고 느낀다. 자신의 만족감이 바로 행복의 기본이 되는 것 같다.

최근 임팩트 있게 읽은 책이 있었다. 독서 모임에서 읽게 된 책으로 알고 보니 굉장히 유명한 책인 것을 늦게야 알게 되었다.

고이케 히로시의 『2억 빚을 진 내게 우주님이 가르쳐준 운이 풀리는 말버릇』이다.

책 표지에는 '우주님'이라고 그림이 그려져 있는데 만화처럼 생겨서 재미있게 느껴졌고, 책도 쉽게 읽혀서 어렵지 않게 완독할 수 있었다. 이 책은 긍정적인 말버릇으로 결과를 정해서 주문을 하면 이루어진다는 이야기이다.

"저는 10년 만에 빚을 갚고 행복해졌습니다!"라고 외치면서 생각을 전환하니 원하는 것 이상을 이루었다고 한다. 우주는 무한한 힘이 있어서 내가 바라고 원하면 이야기하는 대로 이루어진다고 했다.

이 책을 읽고 궁금해졌다. '정말로 원하는 것을 상상하고 이루어진 것을 말버릇처럼 계속하면 이루어질까? 나도 부자가 되었다! 성공했다!라고 외치면 이루어질까?' 책을 읽으면서 호기심 반, 기대 반으로 상반된 느낌이었으나 생각을 하는 데 돈이 드는 것도 아니기에 충분히 할 수 있겠다고 생각이 들었다. 그래서 원하는 모습으로 목표를 정하고 매일 말하고 떠올리게 되었다. 책을 읽기 전에는 절대로 몰랐던 새로운 것들을 알 수 있어서 나는 참 다행이라는 생각이 든다.

"이게 의미가 있을까?" 하는 식으로 현재 의식으로 생각하고 멈추어서는 안 된다. 우주가 달리라고 하면 일단 달려야 한다! 그리고 발생하는 모든 현상에 대해 이렇게 말해야 한다. "그래! 이것으로 소원이 이루어졌어!"

− 고이케 히로시, 『2억 빚을 진 내게 우주님이 가르쳐준 운이 풀리는 말버릇』

과거의 나는 현재에 만족하지 못한 채 투덜거리고 우울해하는 모습이었다. 하지만 원하는 방향을 확실히 알고 난 뒤 더는 과거와 현재가 두렵지 않았다. 더 이상 스스로 우울하다고 느낄 필요가 없다는 것을 알게 된 것이다. 원하면 반드시 이룰 수 있으니 긍정적인 마인드와 용기, 끈기가 자신에게 필요하다는 것을 알게 되었다.

행복의 길은 절대로 정해진 규칙이 없다. 나는 그것을 몰랐을 때는 길도 모르면서 헤매는 삶을 살고 있었다. 하지만 과거를 후회하지 않는다.

더 늦지 않게 지금 내가 행복할 수 있는 길을 찾을 수 있어서 정말 다행이라는 생각이 든다. 원하는 나의 모습을 그려본다. '자신의 행복을 찾아서 내 주변이 나를 보고 같이 행복해졌으면 좋겠다. 내가 좋은 본보기가 되면 좋겠다.'라는 결론을 내리게 되었다.

매일 아침 눈을 뜨면 오늘 내가 하고 싶은 일이 무엇인지 생각을 하고 다이어리를 작성한다. 그 목적이 행복이 되기도 하고, 돈이 되기도 하고, 자기계발이 되는 날도 있다. 하지만 공통적으로는 스스로 삶의 주인으로 살기 위해 매일 노력하고 시간을 헛되이 보내지 않기 위해 행복한 계획은 세운다.

생각보다 많은 사람이 자기를 위해 노력한다는 사실을 온라인을 통해 느낀다. 그것을 볼 때마다 늦은 것은 아닐까 하는 생각이 들기도 한다. 하지만 자신만의 속도와 방식을 통해 꾸준히 앞을 향해 나아가자.

이 책의 독자들은 과연 하루에 자신을 위해 얼마나 많은 시간을 투자하고 노력할까? 과연 궁극적인 목표는 무엇일까? 원하는 삶의 그림을 그리고 있는가? 생각을 해보기 바란다.

자신은 자신만의 색깔이 있고, 각자 다른 생각과 추구하는 이상향이

다르다. 나 역시도 선한 영향력을 끼치는 사람이 되고 싶고, 자신을 찾아가는 과정에서 느끼는 행복을 모두에게 알려주고 싶어서 매일 인증과 꾸준한 노력을 하고 있다.

　모두 자기 삶의 주인이 되기를 바란다.

02

나는 하고 싶은 것을 하는
내가 너무 좋다

누구에게나 저마다의 시간과 개성이 존재한다. 대부분 사람은 시키는 대로 살아가고 있다고 여긴다. 하지만 가까이 들여다보면 모든 결정의 시작과 끝은 자신에 따라 진행되는 것을 알 수 있다.

그러다 보니 삶을 살아가는 데 본인의 의지, 욕구, 욕망이 어느 것보다 중요하다는 것을 알 수 있다. 나도 과거에는 내가 세상에 끌려간다고 생각을 했다. 하고 싶은 것, 바라는 것을 하기보다는 해야 하는 것, 하면 안되는 것을 더 중요하게 생각하고 강요했기 때문이다. 그러나 지금 생각해보면 그러한 결정까지도 나의 선택이었음을 알 수 있다. 스스로 삶을

232 좋은 사람보다 행복한 사람이 되라

주체적으로 선택하고 있다는 사실을 많은 이들이 알고 있을까?

나는 어렸을 적에 책 읽는 것을 너무 좋아했다. 몇 차례 이야기를 한 것처럼 나는 책과 함께 어린 시절을 보냈다고 해도 과언이 아니다. 근처에 도서관이 있어서 도서관에서 시간을 보내기도 하고 로맨스 소설, 추리소설을 좋아해 항상 호기심과 열정을 가지고 열심히 책을 읽었다.

나는 친구들과 책 이야기를 하거나, 비슷한 종류의 드라마가 나오면 그 이야기로 하루를 다 보내기도 했다. 많은 여자애가 그렇듯 로맨스 이야기가 본인의 이야기인 것처럼 그 책의 주인공이 되기도 하고 친구가 되기도 했다.

이렇게 책을 좋아하는 나에게도 어이없는 단점이 존재했다. 책을 좋아해서 많이 읽기도 했지만 그렇다고 국어를 잘하는 것은 아니었다. 정말 아이러니하게 글 읽는 것을 좋아하니 당연히 문장을 잘 이해하고 해석을 잘할 것이라고 많은 사람이 생각했다. 하지만 생각과는 다르게 나는 그러하지 못했다. 단순히 소설을 읽고 느끼는 것은 좋아하지만 국어는 단순히 읽기를 좋아한다고 잘하는 것이 아니었다.

처음에는 스스로 말도 안 되는 상황에 웃음만 나왔지만, 시간이 지나도 해결되지 않는 상황에 스스로 한계에 부딪혔다. 정말 웃긴 이야기이지만 국어 시험을 보고 틀린 문제가 생겼을 때 내가 배워보려고 공부 잘하는 아이에게 설명해달라고 부탁했다. 하지만 설명하는 친구 누구도 나를 이해시키지 못하는 불상사를 초래했다.

아마도 나는 내가 생각한 내용이나 결과가 답이라고 단정을 내려버려서 주변의 이야기를 듣지 않았던 것 같다. 다른 방법도 있을 것이라는 생각과 의문을 가져야 하지만 나는 내가 맞는 줄 알고 착각에 빠져서 남의 말을 귀 기울여 듣지 않았던 것 같다. 그래서 친구들도 나를 이해하게 하지 못했고, 나는 학교 다니는 내내 왜 그 답인지 모르는 아이러니한 생활을 지속해야만 했다.

그래도 국어가 이해가 안 된다고 책을 싫어하거나 다른 과목도 싫증이 나지는 않았다. 나는 내가 좋아하고 하고 싶은 것은 잘하고 싶은 욕심에 더욱더 꾸준히 했다. 책도 꾸준히 읽었고 그 외 다른 과목은 잘하려고 최선을 다했다. 반면에 국어는 나에게 졸업할 때까지 이해되지 않는 과목으로 머물러 있게 되었다.

나는 아마 국어가 힘들다고 울거나 한계에 집착했으면 학창 시절 내내 우울했을 것 같다. 나의 경우는 국어가 단점이었지만 그 문제를 작게 보려고 노력했다. 그래서 덜 힘들어했던 것 같다.

사람마다 본인만의 장단점이 모두 작용한다. 그런 자신의 상태를 잘 알고 인정을 하면 생각만큼 힘든 인생은 아닌 것 같다. 나의 상태를 파악하고 내가 하고 싶고, 좋아하는 것을 위주로 해 실행에 옮기는 사람이 진정한 승리자이다.

나는 항상 입버릇처럼 말한다. 나중에 나이가 들면 외국에서 살고 싶다고. 남편과 세계 일주를 하면서 여행을 다니고 싶다고 이야기한다. 사실 남편과 상의가 된 이야기는 아니지만 내가 영어 공부를 하는 이유도 여행의 꿈을 항상 간직하고 있기 때문이다. 현실은 코로나로 인해 국내 여행도 눈치 보는 상황이지만 그래도 아이들이 물어보면 엄마는 나중에 해외 가서 살 것이라고 아이들에게 당당하게 내 꿈을 이야기하고 있다.

새해가 다가오면 항상 나의 버킷리스트를 점검하고 새로 만들면서 나의 꿈을 다시 그려본다. 처음에 버킷리스트를 쓸 때는 무엇을 써야 할지 몰라서 여행, 부자 되기처럼 간단하고 불분명하게 목표를 세웠다. 그러나 매년 혹은 분기별로 내 버킷리스트를 확인히고 업그레이드하면서 점점 세분해 정확히 원하는 것을 콕 집어서 자세하게 나만의 부의 지도를 완성하는 중이다.

나는 내 버킷리스트가 이루어진 상상을 한다. 100억짜리 건물의 건물주 되기, 람보르기니 차를 구입해서 드라이브하기, 각종 세계여행에서 각국에서 한 달씩 살기. 베스트셀러 작가 되기, 많은 청중 앞에서 유명한 강연가 되기 등등.

비록 아직은 꿈이지만 스스로 진정 원하는 것들이 실현되는 상상을 꾸준히 해본다. 사실 글로만 보았을 때는 너무 꿈이 허황하게 큰 것은 아닌가 하는 생각이 들기도 한다. 하지만 꿈을 클수록 내가 더욱 앞으로 나갈 수 있는 내면의 힘이 세지고 용기가 생기는 것을 느꼈다.

현재를 사는 사람들은 대부분 꿈을 쫓아다니는 이상주의자보다 현실을 중요시하는 현실주의자가 많은 것 같다. 어떤 이는 나에게 "너는 참 나와 취향이 안 맞아."라고 이야기를 한다.

답이 없는 것을 알면서도 하고 싶은 것을 하는 내 모습을 그들이 보았을 때 대책이 없는 사람이라는 생각을 할 수도 있다. 하지만 그렇게 보일 것을 알면서도 눈치 보지 않는다. 왜냐하면, 내가 하고 싶은 것을 할 때 스스로 행복과 만족감을 느끼기 때문이다.

"지금까지 인생을 살면서 불필요한 일이라곤 결코 없었다는 것을 깨달았습니다. 자신이 해야 할 일을 열심히, 그리고 늘 탐구하는 자세로 살아 간다면 말입니다. 사람은 태어나면서부터 빛이 나는 존재입니다. 당신이 지금 어디에 있든, 무엇을 하든, 어떤 상황에 처해 있든, 당신은 항상 빛 과 함께 있습니다. 사랑 속에 있습니다."

— 모치즈키 도시타카,『당신의 소중한 꿈을 이루는 보물지도』

비록 남이 보기에는 헛바람 든 것 같고, 만만하고 엉뚱한 행동만 하는 사람처럼 보이게 만드는 행동도 모두 내가 선택한 것에 의해서 이루어진 다. 바로 스스로 행복을 느끼고 유지하고 싶은 마음에 더욱 발버둥 치는 것이다. 내가 부자가 되고 싶다고, 해외에 살고 싶고, 세계 일주를 하고 싶다고 등등. 내가 원하는 것 모두 지금 보기에는 말도 안 되는 것처럼 보이지만 나는 이미 시작했으며 용기 있는 자라고 생각을 한다. 모두 아 니라고 했을 때 혼자 나아갈 수 있는 그런 열정이 때로는 필요하다.

나는 하고 싶은 것을 하는 내가 너무 좋다. 누구의 눈치 보지 않는다. 내가 싫어하거나 관심 없는 분야에 얽매이지 않으며 반대로 원하는 곳 에 더욱 적극적인 자세로 나아간다. 현재를 사는 주변 사람들은 나를 이 상하게 쳐다볼 것이다. 하지만 더 나은 내가 되기 위해 행복하게 원하는 일을 하며 열정을 갖고 앞으로 나아가는 것이야말로 진정한 성공을 향한 빠른 길이라는 것을 믿어 의심치 않는다.

오늘부터 하고 싶은 일을 한 가지씩 실천해보자. 삶이 훨씬 행복해질 것이며 자기 자신에게 뿌듯하고 자랑스러운 사람이 될 것이다. 더 이상 남의 눈치 볼 필요 없고 나를 위해 살아보자. 행복해지도록.

03

단순히 행복하기만 해도
괜찮다

세상은 나에게 말한다.

"어디 대학 다녔어요?"
"직장이 어디예요?"
"무슨 일 해요?"

과거보다는 많이 나아졌지만, 아직도 세상은 돈, 명예, 지위로 사람을 결정한다. 한때는 나도 똑같이 최고가 되고 싶었다. 꼭대기로 올라가기 위해 내가 실행할 수 있는 최고의 방법은 공부하는 것뿐이었다. 그래서 나 자신은 포기한 채, 보여주기식의 남이 원하는 삶을 살기 위해 앞만 보고 살았다. 잠도 줄여가며 공부했다. 성적과 자격증에 욕심부리기도 했다. 하지만 그렇게 살아보니 나는 전혀 기쁘지 않았다. 오히려 나의 자존감만 떨어졌다. 한계에 부딪혀 점차 작아지는 것을 느꼈다. 우울함의 연속으로 정답 없이 시간이 흘러갔다.

어느새 나는 평범한 대학을 졸업한 후 평범한 직장인으로 사는 중이다. 혼자서 생각이 들었다.

'이제 나는 행복하지 않은 사람일까?'
'실패한 인생인가?'

어디서부터 꼬이기 시작한 실타래인지 몰랐다. 큰 옷을 입은 것 같은 어색함이 나를 지배하기 시작했다. 내 마음은 깊은 수렁으로 빠지는 것처럼 답답함의 연속이었다. 행복이 성적순이고 지위로 매겨진다면 분명 나는 하위로 달리고 있을 것이다.

그렇게 남의 눈에 훌륭한 사람이 되어 보이기 위해 살았다. 내 안의 목소리는 전혀 들으려고 하지 않았다. 보여주기식의 삶에는 돈, 일, 명예는 분명 따를 수 있을지 몰라도 전혀 행복하지 않았다. 나도 분명 지위 욕심, 자격 욕심이 있었던 때가 있었다. 하지만 욕심에 따르는 스트레스와 그에 합당한 배움의 험난함에 금방 지쳐버렸다.

나는 대학교 입학할 때 지금의 남편을 만나 3년 동안 대학교 CC로 연애 후 결혼했다. 대학교 4년 내내 마지막 국가고시 보는 때까지 공부가 너무 힘들고 어렵다고 울었다. 간호사는 되고 싶었지만, 간호대학 공부는 차원이 다른 것이었다. 그래서 시험 날만 다가오면 우는 날이 더 많았다. 그런 철없는 행동을 모두 지켜보면서 그는 나에게 내 방식대로 하라고, 남을 따라가려고 하지 말라고 나에게 도움이 되는 조언을 해주었다. 그러면서 나를 든든하게 지켜주었다.

지금 생각해보면 나는 남에게 잘 보이기 위해 나를 채찍질하면서 살아왔다. 그래서 더욱 행복과 거리가 멀었던 것 같다. 내 속을 이야기할 수 없고 남들도 다 이렇게 사는 줄 알았다. 누군가 알려준 적이 없으니 앞만 보면서 나아가는 게 당연하다고 생각했다. 그렇게 나는 경주마처럼 내 인생에 한 길이 전부인 줄 알고 35년을 살아온 것이다.

그런데 지금 생각해보면 과거의 나는 행복했던 것이 아니라 발악을 하고 살았다는 것이 더 맞는 것 같다. 20세부터 만난 내 남편은 나의 고민과 걱정, 불안을 모두 알고 있다. 다른 사람이지만 나를 이해하려고 무척 애를 쓰는 사람이다. 나처럼 생각이 많고 걱정이 많은 사람은 활동적이고 적극적인 사람에게는 이해가 되지 않을 수도 있다. 하지만 다름을 인정하고 나를 이해하고 내가 더 나쁜 선택을 내리는 것을 생각하지 않도록 중간에서 많은 조율을 해주었다.

행복은 생각하기 나름이다. 어렸을 때 나는 핸드폰이 없어서 불행했고, 통금시간이 있어서 불행했고, 남을 따라가려고 하니 조급해서 불행했다. 학교 교과서에는 내가 행복할 방법을 알려주는 과목이 단 한 군데도 없었다. 꿈을 위해서는 앞으로 나아가라고 알려줄 뿐이었다. 나는 정규 과목 속에서 점차 지쳐갔다. 그렇게 악착같이 세월을 살면서 더욱 힘든 날들이 연속되었다.

단 한 사람도 브레이크를 잡아주지 않아 나는 이게 맞는 것이라고 생각을 했다. 하지만 책을 읽으면서 나 그대로를 받아들이고 나니 어떻게 행복을 만들어야 하는지 알게 되었다. 잘 보이려 할 필요도 없다. 눈치볼 필요도 없다. 경쟁할 필요도 없다.

단지 내 마음이 시키는 대로 하면 되었다. 내가 하고 싶은 행동을 했다. 내가 먹고 싶은 것을 먹었다. 내가 보고 싶은 영화도 보았다. 행복이란 단어는 그렇게 자연스럽게 나에게 스며들고 있었다.

행복은 돈이 들지 않는다. 생각만 바꾸면 저절로 들어오는 것이다. 나는 과거에 '행복은 돈이 많고 여유가 있는 사람들에게나 가능할 것'이라는 착각을 했다. 그래서 행복하지 않은 나 자신이 평균이라고 생각했다. 나는 여러 해 동안 나를 깎는 아픔을 겪으며 지내왔다. 하지만 내 착각을 버리고 나를 인정하고 사랑하기 시작했다. 내가 좋아하는 것을 다시 시도하는 36세가 되면서 내 인생을 다시 쓰고 있다. 더 이상 우울해하지 않아도 된다. 짜증을 내면서 미래를 걱정하지 않아도 된다. 내가 걱정하지 않아도 세상은 잘 돌아가고, 내 자리가 비어도 아무 탈이 없었다. 나는 그래서 짬을 내어 글을 쓰고 책을 쓰기 시작했다.

수많은 책을 읽으면서 김태광 대표 코치님의 책이 보였다. 내가 보는 여러 책이 한 작가가 쓴 것임이 눈에 띄었다. 그중에 내 눈을 사로잡은 『김 대리는 어떻게 1개월 만에 작가가 됐을까』라는 책을 보면서 김태광 대표 코치님이 궁금해졌다. 25년 동안 250권의 저서를 집필하고 1,100여 명의 작가를 배출한 명성에 나도 도전하고 싶었다. 그래서 우연히 권유받은 〈한책협〉 카페에 가입하고 책 쓰기 과정을 들으면서 평범한 나도 충분히 작가가 될 수 있음을 깨닫게 되었다.

책을 읽으면 평범한 사람이지만 책을 쓰면 지위가 바뀐다는 사실을 알게 해주고 짧은 시간에 성공적으로 책을 쓸 수 있게 조언과 격려를 아낌

없이 주셨다. 그래서 나는 새로운 세상에 눈을 뜨게 되었다. 그분을 통해 내가 행복한 사람이라는 것을 모든 이에게 알려줄 기회를 얻게 된 것이다. 책을 쓰면서 내 인생을 정리하고 어떻게 살면 되는지 미래까지 내다보는 힘을 만들어준 것이다.

책을 통해 내 삶을 정리했지만, 그것보다 더 큰 변화는 내 생각이 현실에 안주하는 삶보다 더 나아갈 수 있다는 무한한 가능성을 지님을 알게 된 것이었다. 내가 얼마나 근사한 사람인지 알게 해주었다. 나는 소심한, 평범한 사람이 아니었다. 가능성이 충분한 사람임을 김태광 대표 코치님은 자랑스럽게 이야기해주셨고, 몸소 보여주셨다. 이런 응원이 있기에 책 쓰기에 대한 두려움이 사라지게 되었다.

이렇게 행복이란 생각의 전환만으로도 나에게 찾아오는 것이라는 요령을 찾고 나니 더 이상 나는 걱정을 하지 않게 되었다. 단순히 행복하기만 해도 충분히 세상은 돌아간다는 것을 알게 된 것이다.

나는 아이들에게 더 이상 짜증을 내지 않아도 되었다. 짜증을 낸다고 빨리 해결되는 것이 아니고 모두의 기분만 상한다는 것을 알게 된 것이다. 아이들도 그들만의 생각이 있는 것을 인정해주었다. 강요 대신 그 안에서 본인만의 행복 스타일을 찾을 수 있도록 조언해주기 시작했다. 되도록 책을 많이 읽으면서 스스로 깨우치기를 원했다. 그래서 시간 나면 같이 도서관 가서 책도 읽고, 서점 가서 원하는 책을 사기도 했다. 그렇게 아이들과 공부 이야기 이외에도 할 이야기가 많다는 것을, 아이들이 자유롭고 행복하게 자랄 수 있기를 바라게 되었다. 시간을 같이 보내면서 아이들의 눈높이로 대화했다. 우리 아이들은 공부로 스트레스받기보다 충분히 본인이 원하는 행복을 찾아 나갈 수 있기를 바랐다. 그렇게 아이도 나도 조금씩 성장하는 중이다.

나는 모든 이가 나와 같은 고민에서 벗어나 자기만의 행복의 기준을 세우기를 바란다.

04

목적이 이끄는
삶을 살자

내가 고등학교 시절 엄마에게 우울증과 갱년기가 함께 찾아왔다. 자주 엄마는 부엌에서 울고 계셨다. 나에게 하소연하지만 내가 해줄 수 있는 것이 없었다. 내가 할 수 있는 것은 우는 엄마를 지켜봐주고 기다려주는 것이 고작이었다.

그 시절 엄마는 내가 보기에도 위태로워 보였다. 삶의 목적을 상실한 사람처럼 보였다. 나는 엄마에게 도움이 되는 존재가 되고 싶었다. 그래서 내가 할 수 있는 최선의 노력을 했다. 하지만 마음의 병은 딸이 들어준다고 낫는 것이 아니었다. 하루에도 몇 번씩 위기가 오고 고비가 오는 것을 옆에서 바라보았다. 딸이 해줄 수 있는 것이 없어서 너무 힘들었다.

그래서 엄마에게 병원에 가자고 권유했다. 그때는 정신건강의학과를 다닌다는 것이 감추어야 할 일이었다. 하지만 나는 딸로서 엄마를 그냥 둘 수 없었다. 딸의 위로도 좋지만, 그 짧은 소견으로도 내가 바라본 엄마는 병원이 필요한 것 같았다. 처음에는 많은 거절을 하고 질겁을 했다. 하지만 많은 설득 끝에 나와 같이 정기적으로 상담받기 위해 다니고 기다리는 시간을 보내며 엄마는 점차 회복되어갔다. 그 모습을 보면서 정말 천만다행이란 생각을 했다. 엄마도 지금 이야기하면 그때 병원을 가자고 한 딸에게 정말로 고맙게 느낀다고 이야기하시곤 한다.

나는 엄마의 모습을 보면서 간호사가 되고 싶었던 것 같다. 힘들어하는 사람을 돌보아주고 싶다는 생각을 했다. 가족들을 돌보는 것도 쉬운 일을 아니지만 나는 타인을 돌보는 삶을 사는 것이 나에게 맞을 것 같다는 확신이 들었다. 나는 병을 고쳐주는 의사보다 사람을 돌봐주는 간호사가 되기로 했다. 나는 목표가 생긴 뒤 주도적으로 공부를 하기 시작했다. 간호사면허증을 따기까지 많은 힘든 순간도 있었다. 그래도 나는 내 목적이 있어서 다른 쪽으로 눈 돌리지 않고 나만의 길로 나아갈 수 있었다. 드디어 나는 첫 번째 내 목적을 이루었다.

어렸을 적부터 목표가 뚜렷한 사람들이 있다. 그러면 앞을 보고 나아가기가 쉬웠을 것 같다. 하지만 나의 경우처럼 목적이 중간에 계기가 되어 나타날 수도 있다.

그전에 꿈이 없었던 내가 나도 모르게 찾아온 계기로 인해 나를 변화시켰고 내 삶의 원동력이 되었다. 꿈이 생기고 나니 앞으로 달려가는 순간순간이 행복해지는 것을 느꼈다. 내가 해야 할 것이 무엇인지 스스로 알 수 있었다. 내가 어떻게 하면 나를 성장시킬 수 있는지 혼자 깨달았다. 누가 강요하지 않아도 나 스스로 채찍질하고 더욱 단단하게 만들었다. 모든 길이 힘들지만 내가 택한 목표가 있으니 힘든 순간에도 어려움보다는 할 수 있다는 생각을 하게 될 수 있었다.

나는 그때를 생각하면 내 주변을 살폈던 선택을 잘한 것 같다. 우연한 계기로 내가 변화할 수 있고 성장할 수 있었다. 나는 그 느낌을 믿으며 그게 내 인생의 큰 전환점이 된다는 것을 몸소 체험하고 나니 더욱 내 생각에 믿음이 갔다. 내 행복은 내가 설계하는 것이고 결정하는 것이다.

내가 행복할 수 있는 데는 많은 이유가 있다. 그중에 내가 원하는 것을 얻고, 실행하는 행복도 있다. 꿈과 목적이 있는 것이야말로 내 행복 중에 커다란 우선순위로 자리 잡고 있다. 나는 하얀 도화지에 내 인생을 설계하고 그림을 그리고 있다. 되도록 내가 원하는 멋진 그림을 그리기 위해 나는 내 느낌이 말하는 대로 내가 행복한 대로 나아가는 중이다. 가족이 우선순위에서 멀어지는 것은 미안하게 생각을 한다. 하지만 나는 나 자신을 우선순위로 두고 있다. 나는 내가 행복하고 뿌듯할 행동을 먼저 시행한다. 그러면 나 자신의 자존감이 상승하여 누구와 비교할 필요도 없는 나 자신이 되는 것을 스스로 느꼈다.

나는 그렇게 누가 가르쳐주지 않아도 스스로 성장하고 있다.

현재로 돌아와서 나는 지금 카페에서 책 쓰기를 위해 글을 쓰고 있다. 약 두 달 전까지는 상상도 못 할 내 두 번째 꿈도 아주 우연히 나를 찾아왔다.

"블로그에 글 잘 쓰는데, 이렇게 놔두기 아까우니 책을 한번 써봐요~!"

그렇게 ABC엔터테인먼트 주이슬 코치님의 권유로 〈한책협〉 김태광 대표 코치님을 만나게 되었다. 그전까지 나는 한 번도 내가 책을 쓰리라는 생각을 해본 적이 없다. 그저 책 읽고 내 블로그에 생각을 나누는 것을 좋아하는 평범한 독자였다. 책 쓰는 작가는 따로 있는 것으로 생각했다. 하지만 "성공해서 책 쓰는 것이 아니라 책을 써야 성공한다."라는 권유 한마디가 나의 눈을 뜨게 했다. 내 생각을 변화하게 만든 것이다.

〈한책협〉 김태광 대표 코치님의 말씀처럼 '간호사'라는 직업에서 '작가'라는 직업으로 신분이 상승하는 순간이었다. 나에게 가능성이 있다는 말을 듣고 책 쓰기 강의를 시작한 것이다. 그렇게 방법을 배우고 책을 쓰면서 나는 또 다른 세상을 마주했다. 하루하루가 선물처럼 설렜다. 잠이 부족해도 피곤하지 않았다. 이왕이면 잘하고 싶은 마음만 있을 뿐이었다.

무리 없이 직장 일과 병행한다는 것이 절대 쉬운 일은 아니다. 김태광 대표 코치님의 '일일 특강'과 '책 쓰기 강의'를 통해, 할 수 있다는 용기와 긍정적인 마인드, 자신감을 배웠다. 원하는 모든 것을 할 수 있는 사람으로 생각을 변화하게 만들어주셨다. 그냥 책 쓰는 방법만 알려주시는 것이 아니라 의식 성장까지 같이 알게 해주셨다. 과거는 숨기고 싶은 일이 아니라 나를 더욱 단단하게 하는 동기가 된다.

트라우마는 누군가에게는 공감이 되는 위로일 수 있음을 알게 되었다. 나도 일하고 책을 쓰면서 일이 잘 풀리지 않을 때도 있다. 그때마다 어떻게 알았는지 연락이 왔다. 좌절하지 말고 생각을 긍정적으로 해야 함을 강조해주셨다. 아낌없는 조언과 응원의 모습을 직접 몸소 보여주면서 나는 머리와 마음까지 가능성 있는 사람임을 인지하고 매일 성장하고 있다.

내 두 번째 행복을 위한 목표는 지금도 진행 중이다. 나는 누군가의 권유가 나에게는 행운을 가져다준다고 생각한다. 어떤 이는 똑같은 이야기를 해도 흘려듣는다고 한다. 하지만 내 것으로 만드는 순간 나는 변화할 수 있는 충분한 준비가 된 사람이다. 나에게는 무한한 가능성을 지닌 에너지가 있다고 믿는다. 스스로 자신을 자랑스럽게 생각하고 할 수 있다는 믿음을 통해 스스로 자신의 가치를 높인다. 그런 생각을 항상 지니고 있다. 나는 긍정적인 마인드를 가득 담아 나 자신을 믿는다. 그래서 나는 충분히 잘할 수 있는 사람이라고 나 자신을 단단하게 다듬는다.

우연히 선물 받은 쉬하오이 작가의 『지금 나를 위로하는 중입니다』에서 타인과 엇갈린 시작으로 인해 불행한 삶을 살고 있던 에피소드 속 작가가 말했던 내용이다.

"인생의 시작은 자신을 어떻게 정의하느냐에 따라 달라진다."

내가 정한 목표, 행복, 결정, 완성 모두 내가 정의하는 것이다. 내가 어떻게 생각하느냐에 따라서 인생이 결정된다. 나는 주변에서 보기에 너무 허무맹랑하고 가망성 없는 사람이라고 생각할 수도 있을 것이다. 하지만 내가 겪어본 짧은 삶에 따르면 나는 현재에도 충분히 스스로 행복한 사람이며 내가 원하고 목표를 정하면 이룰 수 있는 사람이라는 것을 나는 믿는다.

삶에 목적이 있다는 것은 결승전이 있는 달리기와 같다. 내가 제출해야 할 리포트가 있다는 말과 같다. 그래서 목적은 결론이라는 끝이 보이기에 다른 길로 새더라도 돌아올 수 있는 것이다. 그렇게 앞을 향해 나아가다가 때로는 힘들어서 쉬기도 한다. 하지만 방황을 해도 금방 제자리로 돌아올 힘이 있다. 삶에서 목적은 그래서 중요한 것 같다.

목적이 있다는 것은 삶에 활력을 가져다준다. 목표가 없는 삶에는 이루어야 할 것도 바라는 것도 없다. 그런 삶을 살면 의미 없는 나날을 보내는 사람이 될 것이다. 하지만 목적이 있으면 내가 이룰 목적이 있기에 지루하지 않고 신나는 하루하루를 보낼 수 있다. 그래서 삶에서 목적이 있는 것이 참으로 중요하다는 것을 느낀다.

좋은 사람보다 행복한 사람이 되라

05

나는 충분히
괜찮은 사람이다

살면서 스스로 괜찮다고 느끼는 사람이 얼마나 될까? 바쁜 현실 속에서 앞만 보고, 주어진 일에 찌들어 사는 것이 현실이다. 일, 가정에 모두 치여 나를 돌아볼 겨를도 없을 때가 많다.

그러다 보니 어느새 남에게 비치는 나의 능력만 중요하게 느껴졌다. 자신을 돌보고 꾸미는 것은 연례행사처럼 특별한 날에만 취급할 때가 많이 있다. 나 역시도 스스로 자신을 돌보지 않고 결과에만 집중하여 자신을 깎아내리는 생활을 했다. 이런 생활이 길어질수록 나도 모르게 힘들고 불행한 자신을 마주하게 되었다.

결혼하고 3개월쯤 처음으로 남편과 다툼이 있었다. 신혼부부들이 모두 싸우는 것처럼 이유는 참으로 어이없게도 간단했다. 약속을 지키지 않은 것이 화근이었다. 나는 약속을 중요시 생각하지만, 남편은 조금 늦을 수도 있지, 그런 것에 예민하게 반응한다고 언성을 높이게 되었다.

그 당시에는 서로 자기주장을 펼치느라 상대방의 마음을 보려고 하지 않았다. 화를 내는 남편과 이미 상처를 받은 나 사이에 좋은 이야기가 나올 리 만무했다. 그래서 첫 다툼에 이혼 이야기를 무심코 남편이 내뱉었다. 나는 그 순간 다투었다는 사실보다 그 단어가 너무 충격을 받아 헤어나오지 못하고 몇 시간 동안 정신을 차릴 수 없었다.

정신을 차린 남편은 그 이후 몇 달 동안 본인이 홧김에 내뱉은 이야기를 두고두고 후회하는 모습을 보였다. 진심이 아니었다며 나에게 손이 발이 되도록 사과를 했다. 하지만 이미 상처받은 나는 쉽게 가라앉지 못했다. 상처받은 것보다 말을 함부로 하는 사람과 계속 사는 것이 맞는지 생각을 했던 것 같다. 남편이 홧김에 그런 것이라고 재차 사과하고 진심을 보였기에 나는 남편의 사과를 받아들였다. 그 뒤 서로 약속했다.

"절대로 생각 없이 말을 하지 말자. 자신이 한 말에는 무슨 일이 있어도 책임을 다하자."

그 이후 나는 남편과 내가 서로 배려하는 것을 느낄 수 있었다. 상대방이 화난 것 같으면 기다려주기도 하고 내가 한 발 물러서기도 했다. 그러면서 서로를 존중하게 되었다. 제일 가까이에 있는 남편이 나를 소중하게 대해주고, 개인의 차이를 인정해주니 저절로 두려움과 걱정이 사라지는 것을 느끼게 되었다. 나는 그 일을 계기로 서로에 대한 배려와 존중은 정말로 중요한 것이라는 생각이 들었다.

그렇게 남편과 결혼 후에 내가 처음 하게 된 약속이 바로 말조심이었다. 지금 생각해보면 그 약속을 하기 잘했다는 생각을 한다. 서로의 약속 덕분에 우리는 존중해주는 사이가 되었다. 서로에 대한 배려는 상대방에 대한 최고의 예의인 것이다. 그러한 사소한 노력으로 큰 시련 없이 관계를 유지할 수 있는 것 같다.

가정에서의 행복은 서로에 대한 믿음과 존중에서 나오는 것이다. 내가 행복하기 위해서는 먼저 가정에 생길 수 있는 고민이 없으면 좋겠지만, 되도록 고민이 적어야 내가 행복할 수 있는 것 같다.

가족에 대해 충실했을 때, 비로소 소속감을 통해 행복이 느껴지는 것이다. 그런 시간이 길어지면서 저절로 느끼는 행복이야말로 내가 느낄 수 있는 최고의 기쁨인 것 같다.

삶은 아이러니하게 혼자는 살 수 없다. 혼자일 때 나의 자유로 인해 행복을 독차지할 좋은 시간인 것 같지만, 현실은 다르다. 결코, 혼자서는 살 수 없다. 차선책으로 같이 삶을 살아가는 방법을 통해 여러 규칙을 배우고 서로에 대해 배려도 배운다. 그것을 통해 느낄 수 있는 것이 진정한 행복이 되는 것이다. 일찍부터 깨달은 나는 행복한 사람이다.

나는 집안일에 소질이 없었다. 처음에는 아이도 싫어했다. 하지만 내가 선택한 결혼을 통한 진행 상황은 내가 책임져야 하는 것이었다. 모두가 집안일을 하다 보면 자연스러워지고 익숙해진다고 한다. 하지만 전업주부를 약 2년 가까이 하는 동안 나는 전혀 자연스러워지지 못했다. 오히려 짜증만 늘어갔다. 운동도 해보고 햇빛도 보고 갖은 노력을 했지만 전혀 익숙해지지 않았다. 다행히 세 아이를 직접 키우는 일만큼은 최선을 다했다. 모든 엄마처럼 아픈지, 잘 먹는지, 잘 놀고 있는지 체크하면서 아이들에게는 내 마음을 느끼지 못하게 노력했다. 하지만 나를 바라보는 주변 사람들은 아마 위태로워 보였을 것 같다.

전업주부 약 3년 가까이 되었을 때 직장을 다시 다니고 싶다고 했다. 그때 다행히도 아무도 말리는 사람이 없었다. 오히려 잘되었다고 축하를 해주었다. 직장 다닐 때가 제일 멋있었다며 적극적으로 응원을 해준 것이다. 가족의 많은 도움으로 다시 직장에 나가 경력을 쌓을 수 있게 되었

좋은 사람보다 행복한 사람이 되라

다. 나는 다시 일을 나가면서 활기찬 생활을 할 수 있었다. 퇴근 후에는 여전히 육아와 가정일이 남아 있음은 똑같았다. 하지만 나를 위해 출근하는 나 자신을 자랑스럽고 기쁘게 생각했다. 드디어 내가 살아 있는 것 같이 느낀 것이다.

나는 많은 것을 바라지 않았다. 단지 내가 살아 있는 느낌을 받고 싶었다. 주부라는 직업도 훌륭한 직업이다. 끝이 없이 생겨나는 해야 할 일과 신경 쓸 것이 많으니 말이다. 하지만 나는 지금도 내 선택을 후회하지 않는다. 노력해도 전혀 익숙해지지 않는 집안일을 하는 능력보다 차라리 공부하고 배움을 더 하는 것을 선택함을. 지금 나는 출근하는 나 자신이 그렇게 좋을 수가 없다.

그렇게 나는 출산 후 다시 워킹맘이 된 지도 약 9년이 넘어간다. 아이들은 엄마는 항상 교대근무 하는 엄마로 바쁜 줄 알고 있다. 그러면서 스스로 해야 할 일을 알아서 하는 것이 몸에 자연스럽게 배게 되었다. 아이들에게 살갑지 못한 엄마로서 미안한 마음이 살짝 있다.

하지만 내가 하고 싶은 일을 하는 모습을 보여주면서 엄마 같은 간호사가 되고 싶다는 큰딸에게 자랑스러운 엄마가 된 점을 정말 뿌듯하게 생각을 한다.

가족들의 배려가 없었다면 나는 하고 싶은 일보다 해야 할 일을 하고 있었을 것이다. 하지만 내가 워킹맘이 된 이유도, 책을 쓸 수 있는 이유도, 충분히 내가 하고 싶은 일을 마음껏 할 수 있기 때문이다. 그러한 가족의 배려가 내가 행복한 사람이라고 자랑스럽게 이야기할 수 있는 자랑거리이다.

행복을 책으로만 읽고 찾으려 했을 때는 나 스스로 행복과 거리가 먼 상태였기에 찾을 수 없었다. 행복해지고 싶어서 그렇게 소리쳐 보았지만, 그때는 꼭꼭 숨어 있어 내 마음은 얼음처럼 차갑기만 했다. 하지만 스스로 나 자신의 행복을 위해 발을 내딛는 순간 모든 것이 감사하고 행복한 순간들이 되었다. 저절로 느끼는 것이 행복이라는 단어였다.

나는 누가 말해주지 않아도 충분히 괜찮은 사람이다. 이 사실은 누가 정해준 것도 아니라 나 스스로 느끼게 되었다. 더 이상 우울하지 않고 나아감에 주저함이 없었으며 하고 싶은 것을 실행하는 자신을 크게 대우하는 것을 느낄 수 있었다.

〈한국석세스라이프스쿨〉의 권동희(권마담) 대표님이 하신 "내가 나를 정의하지 않으면 남이 나를 정의하게 된다."라는 말씀이 경종처럼 내 마음에 울렸다. 나에게 가족이 아닌 나 자신을 위해 살아야 하는 이유가 됨과 동시에 내가 틀리지 않았다는 것을 알려주는 것이 되었다. 나는 매일 블로그와 인스타그램을 통해 나 드러내기를 인증하고 매일 내가 하는 일을 올린다. 그렇게 함으로써 스스로 자존감을 높이고 내가 살아 있음을 느낀다.

이 책을 읽는 독자도 주변을 둘러보고 자신이 행복할 방법을 찾아보면 좋겠다. 많은 사람이 스스로 자기 자신이 행복하다고 느끼면 좋겠다.

06

정답 없는 인생도
때로는 괜찮다

만약 세상에 정답이 있으면 어떻게 될까? 한 번쯤 그런 생각을 해보았다. 매일 결론과 성공을 알고 시작을 한 행동은 얼마나 행복할 수 있을까? 실패를 알고도 시도하는 사람은 과연 있을까? 아마도 모든 사람이 정답의 길만을 가려고 할 것이다. 그렇게 되면 빠르게 도착할 수는 있지만, 그 길들 사이에 있는 감동, 재미, 교훈들이 없어져 길을 끝까지 가는 것이 무의미해질 것이다.

나도 2년 전까지만 하더라도 세상에서 내가 제일 불행한 사람이라고 생각했다. 모든 힘든 고민과 안 좋은 일은 모두 나에게 왔다고 생각을 할 정도로 모든 것이 우울과 고통의 연속이었다. 하지만 정말 우연히 나를 비춰볼 수 있는 시간이 있었다. 어느 날 문득 자신을 바라보고 알 수 있었다. 나를 망치고 있는 것은 외부의 상황이 아니라 바로 자신이라는 것을 깨닫게 되었다.

커다란 결론을 얻고 난 뒤 나는 더 이상 아무것도 두려울 것이 없었다. 나를 사랑하고 자신을 위한 삶을 살면 그 과정에 무슨 일이 있더라도 모두 내 성공을 위한 밑거름이 된다는 것을 깨달았다. 답을 모르고 나아가도 괜찮다. 내가 가는 그 길이 정답이고, 내가 선택한 모든 것이 확신이기 때문이다.

최근에는 남이 가지 않은 길, 책 쓰기를 통해서 나의 삶을 되돌아보고 정리하는 중이다. 평범하다고 생각했던 내 인생에도 배울 점이 많이 있다는 것을 알게 되었고, 이유 없는 일은 없다는 것을 깨달았다. 행복과 불행은 한 끗 차이로 내가 생각하는 것에 따라 지옥과 천국을 오갈 수 있는 것이었다.

생각이 거기에 미치자 나는 존재 자체만으로도 행복한 사람이라는 것을 알게 되었다. 숨 쉬는 것만으로도 나는 사랑받을 존재이고 내가 행하는 모든 일은 모두 나를 위해 이루어지는 행동이라는 것을 알게 되었다.

누구에게도 잘 보일 필요 없고 나를 소중하게 여기고 자존감을 높일 수 있도록 결정하는 사람 또한, 나 자신이라는 것을 알게 되었다.

"이유 없이 행복한 사람은 원하는 직업이나 소명을 수행하든 아니든 상관없이 자신이 가는 곳, 자신이 하는 일에서 늘 목적의식을 찾는다. 아무리 평범하고 일상적인 일이라도 말이다. 그들의 목적의식은 '멀리' 있지 않다. 행복한 사람은 현재 하는 일이 없어지더라도 자신의 목적을 고취하는 다른 것을 찾아낸다."

– 마시 시모프, 캐럴 클라인,『이유 없이 행복하라』

삶이 언제나 내 뜻대로 흘러가는 것만은 아니다. 또한, 나도 모르는 사이에 원하지 않는 방향으로 흘러가기도 한다. 그러나 마음에 들지 않는다고 언제까지나 투덜대고 삶에 비관적으로 살 수는 없다. 나는 주변에서 현실적이고 독단적인 사람들을 가끔 만난다. 그러면 대화에서 열정이 없고 화만 쌓여 있는 모습이 그대로 나에게 전해진다. 그들도 자신만의 이유와 추구하는 방향이 있겠지만 행복하지 않은 모습이 나에게 느낌으로 전해지면 안타까운 것은 사실이다. 마음 같아선 도와주고 싶지만, 그것마저도 예민하게 받아들이게 될까 봐 모른 척하고 넘어가곤 했다.

그 대신 나는 책을 쓰고 블로그, 인스타그램에 내 생각을 쓰고 세상에 내 이야기를 전하기로 마음먹었다. 세상에 과거의 나처럼 매사에 힘들고 좌절하는 사람들에게 내가 행복과 용기를 전달해 줄수 있기를. 나의 이 마음이 많은 이들에게 전해지기를 바란다.

내가 아는 언니 B가 있다. 나랑 비슷한 워킹맘 간호사로 육아와 직장까지도 나랑 너무 비슷한 상황에 있다. 언니 B는 어느 날 퇴근 후 간호부장님께서 부르셨다고 했다. 그곳에서 언니 B는 수간호사 직급으로 진급하여 타 부서로 가라는 놀라운 소식을 전해 받았다고 했다. 그때까지는 일반 간호사로 쭉 일하고 있었는데, 미리 언질을 받은 적도 없고, 생각지도 못했던 일이었다고 했다. 게다가 아무도 모르는 타 부서로 혼자 덩그러니 이동하라는 지시가 내려온 것이다. 언니는 직장에서 시키는 대로 승낙은 했지만, 갑자기 변화한 현실에 많은 혼란과 혼동을 경험했다고 한다.

병동 직원들과 새로운 친목이 필요하지만, 직급의 변화로 인해 먼저 손을 내미는 것은 정말 어려웠고 잘 지내보려고도 노력했지만, 모든 일이 처음이고 매뉴얼이 없으니 우왕좌왕 힘든 시간을 보내야만 했다고 한다. 하지만 자신에게는 또 다른 경험, 도전이라고 생각을 하며 주어진 일에 최선을 다하는 것이 자신이 할 수 있는 일이라고 생각하니 오히려 마음이 편해졌다고 했다.

"우주의 기운은 자력과 같아서 우리가 어두운 마음을 지니고 있으면 어두운 기운이 몰려온다. 그러나 밝은 마음을 지니고 긍정적이고 낙관적으로 살면 밝은 기운이 밀려와 우리의 삶을 밝게 비춘다."

– 법정 스님

지금은 약 3년 정도 지난 뒤라서 언제 그런 고민을 했냐는 듯이 잘 지내고 있다고 웃으면서 이야기를 해주었다. 나는 그 모습을 보면서 그 당시 얼마나 불안하고 외롭고 힘들었을까 하는 생각을 해보았다. 지금이야 씩씩하게 이야기하지만, 부서 이동에 직급 변화까지 있으면 단순히 좋아할 만한 일은 아니고 걱정과 긴장을 더 많이 했을 것 같다.

삶이 내 마음대로 진행되는 것은 하나도 없다. 게다가 직장과 관련된 일은 더욱이 부담스럽고 어려운 일투성이다. 나도 부서 이동의 경험이 있던 터라 낯설고 어색하고 어려운 분위기에 적응하는 데 시간이 걸렸던 생각이 들었다. 이처럼 원하든, 원하지 않든 이벤트는 생겨나고 그것에 대한 희로애락이 항상 존재한다. 생각하기에 따라 두근거리고 즐거운 일이 될 수도 있고 싫고 짜증 나는 일이 될 수도 있다.

직장뿐만 아니라 모든 일에서 생각지도 못한 일이 일어난다. 그럴 때마다 부족한 자신의 현실을 탓하며 이야기하지 않으면 좋겠다. 자신은 본인이 생각하는 것보다 더 가능성 있고 능력이 있다. 그 권유를 한 사람은 그러한 상황을 미리 알아본 후에 가능성을 믿고 자신에게 권유했을 것이다. 그러한 사실을 잊지 말고 자신감을 잃지 말고 자신을 믿고 일단 앞으로 나아가는 용기를 내 보자.

또한, 자신의 삶에서 스스로 주인이 되면 좋겠다. 타인에게 끌려다니지 말고 오직 자신만이 삶의 방향을 결정할 수 있음을 당연하게 알고 그 결정이 쉽거나 어려워도 스스로 결정하여 앞으로 나아가길 바란다. 자신이 선택한 결정은 결과가 어떻게 나오든지 본인의 책임이므로 그 결과 또한 인정하길 바란다.

정답 없는 인생도 때로는 괜찮다. 내가 선택한 모든 것은 내가 하기 나름이라 두렵지 않다. 그리고 행복할 수 있는 이유도 인생과 마찬가지로 정신없는 현실이 있었기 때문에 가능한 것이다. 주체적으로 자신만이 누릴 수 있는 '나를 위한 행복'을 적립해가는 기쁨을 누려보면 좋겠다.

07

누구나 이유 없이
행복해질 수 있다

　과거의 나는 '행복'을 글로 읽었을 때는 마음에 와닿지 않았다. 행복은 노력한 만큼 얻는 것인 줄로만 알았다. 그래서 힘들고 지쳐도 표시를 내지 않았다. 말로 꺼내면 지는 것 같고 실패한 것 같아서 이를 악물고 버텼다. 나름대로 행복하기 위해 발버둥을 친 것이다.

　악착같이 삶을 살고 어떻게든 이겨보겠다고 나름의 노력을 했지만 나에게 '행복'은 너무 멀게만 느껴진 존재였다. 수많은 책을 보면서 나도 성공하고 행복해지고 싶어서 비슷하게라도 따라 하기도 했다. 하지만 글과 현실은 달랐다. 꿈을 꾸기엔 현실은 전쟁터 같다는 생각까지 했다.

만인에게 '행복'하고 싶은 이유가 무엇이냐고 물으면 당연하게도 잘 살고 싶어서라고 이야기할 것이다. 나 역시도 같은 마음이다. 어떻게 하면 남은 삶을 행복하게 잘 살아갈 수 있을까 하는 것은 모든 이의 한결같은 고민일 것이다.

나는 이 책 한 권에 담았듯이 크고 작은 고민과 시련에도 결과가 좀처럼 나아지지 않았다. 직장, 돈, 가족, 나 자신 그 어느 한 부분도 내 마음대로 되는 일이 없었다. 또한 모든 사람이 이렇게 다람쥐 쳇바퀴 도는 것 같은 생활을 해야 하는 줄 알고 있었다.

"행복은 멀리서 오는 것이 아니다. 내가 믿고 바라는 것을 상상하는 힘에서 온다. 상상해야 심장이 뛰고, 심장이 뛰면 확신과 믿음이 생긴다. 그 믿음으로 당신은 원하는 인생을 살 수 있다."
— 김도사, 권마담, 『부와 행운을 끌어당기는 우주의 법칙』

직장생활에 적응하기도 전에 자의 반 타의 반으로 여러 부서로 옮겨다니며 침묵이 답이라는 것을 느꼈다. 한곳에 오래 있다 보니 나 혼자 애쓴다고 모두 알아주지 않는다는 것도 알았다. 사람은 사회적 동물이라 같이 공존하면서 생활해야 한다는 초등학교 기본 상식을 경험을 통해서 다시 알게 되는 순간이었다.

가족, 육아에서도 평범할 것처럼 보이는 삶이지만 나는 이 평균의 값을 내기 위해 스스로 침묵과 방관이라는 무기로 살고 있었다. 결정할 일이 있으면 남편이나 부모님에게 하도록 했다. 얼핏 보기에는 내가 잘하고 있는 것처럼 보이지만 돌이켜보면 방관하고 있던 것이었다. 내가 귀찮고 짊어지기 싫어서 모른 척하고 방관했던 것이다.

그렇게 흘러가는 대로 남이 시키는 대로 탈 없이 살아가고 있는 나 자신이 어느 순간 현타가 오는 순간을 맞이했다. 이렇게 평생 살아도 되는 것일까 하는 의문이 들기 시작했다. 자신감 없고 수동적인 나 자신이 불편하게 느껴지기 시작한 것이다.

이 모든 일이 지나고 생각하니 내 삶이 완벽하지 않았다는 것을 알게 되었다. 결코 침묵이 답은 아니었다. 내 목소리를 내는 것이 필요했다. 싫으면 싫다고 이야기를 해야 하고, 아니면 아니라고 이야기해야 한다는 것을 이제야 알게 된 것이다. 그렇게 생각하고 나니 이렇게 시간을 보낸 것이 허무하다는 느낌이 들었다. 나 스스로 제동이 걸리기 시작한 것이다.

이렇게 느낀 순간, 이것이 나에게 전환점이 되는 기회가 되리라는 것을 직감적으로 알게 되었다. 너무 착하고 온순하고 거절 못 하는 사람으로 살아서는 나도 인정할 수 없고 주변 사람 누구도 나를 인정해주지 않는다는 것을 알게 되었다.

나는 행복하게 살기로 했다. 그냥 행복하게 살기로 했다.

보여주기 위한 행동은 이제 그만하고 스스로 원하는 일이나 행동을 하기로 마음먹은 것이다. 그렇게 마음의 변화가 생기고 나니 마법 같은 일이 펼쳐지는 것을 느낄 수 있었다.

원래 다니던 직장이 변화 없는 삶의 중심이라고 생각했다. 하지만 지금 생각해보니 첫 꿈을 이룬 나는 대단한 삶을 살아가고 있는 것이었다. 그렇게 생각의 전환을 하니 나는 남에게 도움이 되고 꼭 직장에서 필요한 사람의 일원이라는 자부심도 생겼다. 이제는 수동적인 사람이 아니라 내가 필요한 일에 도움이 되는 사람이 되어야겠다고 마음먹었다. 생각이 변하니 적극적인 사람이 되는 것을 알 수 있었다.

나도 모르는 사이 집에서도 책 읽고, 원하는 공부도 하는 나를 바라보면서 내가 아직 열정이 남아 있고 앞으로 나아갈 수 있는 능력이 많이 남아 있다는 것을 알 수 있었다. 퇴근 후 매일 자고, 핸드폰만 하는 사람이 아니라 변화되어 자기계발을 꾸준히 하는 그 열정적인 존재가 되었다는 생각이 들고 나니 주변 사람들이 보기에 본보기가 되는 사람이 되어야겠다는 책임감이 들었다.

자녀들에게도 '엄마는 원하는 일을 꾸준히 하고 성공한 삶의 살고 있다.'라는 표본이 되기 위해 노력을 한다. 어떤 이들은 자신이 못 이룬 꿈을 대신 자녀가 해주기를 바란다. 하지만 내가 바라는 것은 열심히 살아가는 부모를 보고 아이들이 늦지 않고 스스로 자신의 꿈을 위해, 행복을 위해 앞으로 나아가는 열정을 알기를 간절히 바라본다.

매일 아침 나는 자신을 위한 독서와 필사, 공부 등 루틴 일을 시작한다. 하루하루가 좀 더 발전해가는 모습을 기대하고 다음 목표를 매일 외치면서 나는 성공할 것이라는 확신을 머릿속에 새겨둔다. 그렇게 긍정적인 생각의 주입만으로 삶이 적극적인 자세로 변화하는 것을 느낀다.

나는 이렇게 생각을 바꾸고 난 뒤 모든 것에 무서울 것이 없어졌다. 지금처럼 하면 모든 것을 이룰 수 있는 무한한 가능성을 지닌 사람이라는 사실을 알게 되고 행복은 내가 마음먹기에 달렸다는 것을 몸소 느끼게 되니 무서울 것이 전혀 없었다.

나도 매일 행복을 느끼지는 않는다, 지금도 때로 지적을 받을 때, 마음대로 일이 풀리지 않을 때가 당연히 존재한다. 매일 생각지도 못한 일이 생겨나지만 더는 무섭거나 두려워하지 않는다. 그 고통이 나에게는 몇 배의 가르침으로 돌아올 것을 알기에 더 이상 걱정은 되지 않는다.

이 책을 읽는 독자들도 스스로 행복을 찾기를 바란다. 결코 행복은 글로 배워서 알 수 있는 것도 아니고, 타인의 행동을 따라 해서 알 수 있는 것도 아니다. 그냥 내가 행복해지고 싶다는 간절한 마음과 생각의 전환이 행복의 준비물인 것이다.

유리창은 밖이 훤히 보이지만 그 유리에 칠을 한 순간에 거울이 되어 나밖에 보이지 않게 된다는 유대인의 이야기처럼 내가 준비되어야 행복의 순간이 나에게로 전해진다는 것을 모든 사람이 알게 되기를 바란다.

모든 이는 존재 자체로 충분히 행복할 자격이 있는 사람이다. 그 해답을 자신의 마음에서 찾기를 간절히 바라본다.